AF165313

Alf Torp

Die Flexion des Pali in ihrem Verhältnis zum Sanskrit

Alf Torp

Die Flexion des Pali in ihrem Verhältnis zum Sanskrit

ISBN/EAN: 9783743434080

Hergestellt in Europa, USA, Kanada, Australien, Japan

Cover: Foto ©Andreas Hilbeck / pixelio.de

Manufactured and distributed by brebook publishing software
(www.brebook.com)

Alf Torp

Die Flexion des Pali in ihrem Verhältnis zum Sanskrit

DIE FLEXION DES PALI

IHREM VERHÄLTNISS ZUM SANSKRIT.

VON

ALF TORP.

UNIVERSITÄTS-PROGRAMM FÜR DAS ERSTE HALBJAHR 1881

HERAUSGEGEBEN

VON

SOPHUS BUGGE.

CHRISTIANIA.

DRUCK VON A. W. BRØGGER.

1881.

In einer neueren Sprache, wo recht eigentlich die Analogiebildungen walten, geben sich auch die dazu mitwirkenden Umstände leicht zu erkennen, weil wir die Bildungen vor unseren Augen aufkommen sehen; es liegt die Sprache in ihrem Anfange und Ende vor uns. Wenn nun auch die Gesetze, welche die Sprache in ihrer späteren Entwickelung regeln, vielfach andere sind als die ursprünglich herrschenden, wird doch in vielen Fällen der Vorgang in der jüngeren Sprache auch für den früheren Sprachzustand Interesse haben. Da ein Versuch Analogiebildungen und die dieselben fördernden Umstände in einer neueren Sprache zusammenzustellen meines Wissens nicht gemacht ist, wird eine mit Bezug hierauf vorgenommene Untersuchung der Flexion des Pâli in ihrem Verhältnisse zum Sanskrit vielleicht nicht ganz ohne Interesse sein. Nachstehender Versuch verfolgt also einen wesentlich andern Zweck als die lehrreichen „Beiträge zur Pâligrammatik" von E. Kuhn, und wird, hoffe ich, darin seine Entschuldigung finden, wenn grössere Vollständigkeit fehlt; einige Nachträge zu Kuhns Schrift hoffe ich doch gegeben zu haben.

Da es für mich nicht galt neuen Stoff für die Pâligrammatik herbeizubringen, habe ich mich auf einen kleineren Kreis von Texten beschränkt, zunächst das Dhammapadam und die von Fausböll herausgegebenen Jâtakas nebst einigen anderen kleineren Schriften. Zur grösseren Vollständigkeit habe ich das Wörterbuch von Childers benutzt, und die darin angeführten Belegstellen mit den Originaltexten, so weit diese mir zugänglich waren, verglichen.

Dass ich oft zahlreiche Beispiele gegeben habe, wo ein Paar genügen könnten, ist geschehen, theils um das im Dhammapadam stattfindende Verhältniss im Vorkommen der verschiedenen Formen eines und desselben Casus oder Tempus zu beleuchten, — theils auch um den mit dem Pāli nicht bekannten Leser (und auf solche ist die Arbeit am nächsten berechnet) den Einblick in die allgemeine lautliche Entwickelung der Sprache zu erleichtern.

Folgende sind die benutzten Texte:

Sen. — Kaȳyānappakaranaṁ. Grammaire Pālie de K. par É. Senart im Journal Asiatique. Mars-Avr. 1871.

Dh. — Dhammapadaṁ. Ed. Fausböll. Hauniae 1855. Der Text ist nach Verszahlen, der Commentar nach Seitenzahl citirt.

F. Jāt. — Five Jātakas. Ed. by Fausböll. Copenh. 1861.

Ten Jāt. — Ten Jātakas. Ed. by Fausböll. Copenh. 1872.

Jāt. — The Jātaka together with its Commentary. By V. Fausböll. London 1875. Vol. 1. Part 1.

Das. Jāt. — The Dasaratha-Jātaka. Ed. by Fausböll. Copenh. 1871.

Pāt. — The Pātimokkha. By J. F. Dickson. Roy. As. Soc. Oct. 1875.

Kamm. — Kammavākya. Herausgeg. v. Spiegel. Bonn 1841.

Anecd. — Anecdota pālica. Herausgeg. v. Spiegel. Leipz. 1845.

Nach Childers sind citirt:

Ab. — Abhidānappadīpikā. Ed. by Waskaḍuwē Subhūti. Colombo 1865.

Alw. I. — An Introduction to Kachchāyana's Grammar of the Pāli Language. By James d'Alwis. Colombo 1863.

Alw. N. — Buddhist Nirvana. By James d'Alwis. Colombo 1861.

Att. — The Attanagalu-vansa. By J. d'Alwis. Colombo 1866.

Bāl. — Bālāvatāro. Colombo 1869.

Kh. — Khuddakapāṭha. Ed. by Childers. Jour. Roy. As. Soc. 1869.

Mah. — The Mahawanso. Ed. by Turnour. Colombo 1837.

Auf dem Gebiete der Flexion tritt uns im Pāli ein buntes Gewirr von Formen entgegen: bald ist das Alte nur noch in einzelnen Resten geblieben, während die Neuerung siegreich durchdrang, bald ist nur der erste, weiter nicht entwickelte, Keim einer Neubildung vorhanden, bald, und zwar am häufigsten, leben Altes und Neues mit gleicher Geltung neben einander. In dieser Mannigfaltigkeit der Bildungen lässt sich das Pāli nur mit der homerischen Sprache vergleichen, und ist vielleicht ebenso wenig wie diese jemals eine wirkliche, gesprochene Sprache gewesen; bemerkenswerth ist es jedenfalls, dass eben in den poetischen Schriften, wo die Vielförmigkeit der metrischen Rücksichten sehr bequem war, die Ungeregeltheit am grössten ist; in den prosaischen hat sich die Sprache schon bestimmter für diese oder jene Form entschieden. Könnte sich somit die Vielförmigkeit des Pāli zum Theil daraus erklären, dass es insofern eine Mischsprache sei, als mehrere Dialekte ihre Beiträge dazu geleistet haben, wie wir ja in den einzelnen Prākritdialekten eine grössere Einfachheit der Flexion finden, — so liegt doch der eigentliche Grund dieser Mannigfaltigkeit in ihrem Character als Volkssprache, wie auch die homerische Sprache, obgleich in ihrer ganzen Buntheit niemals gesprochen, immerhin einen volksthümlichen Character trägt. Nur in einer Sprache, wo die verschiedenen Kräfte, die ihr Leben bedingen, Jahrhunderte lang gewirkt haben, ohne dass die Grammatik hemmend oder fördernd einschritt, entsteht als das Produkt ihres Wirkens mit einander und gegen einander eine solche ungeregelte Buntheit, wie ein Garten sich zu einem wilden Gestrüppe umwandelt, wo die kräftigeren und leichter wachsenden Pflanzen über die wenigeren und zarteren hinauswachsen, wenn keine ordnende Hand das richtige Verhältniss bestimmt.

So geht durch das Pāli, wie immer in einer neueren Sprache die Bequemlichkeit schwer wiegt, das Streben schwerfällige Formen abzuwerfen, aber daneben hält die Volkssprache zäh an dem alt Hergebrachten und giebt es nicht ganz auf. Auf Bequemlichkeit gründet sich auch das Streben nach Uniformität, indem die von Anfang an häufigeren Vorkommnisse, dadurch dass sie die seltneren zu sich hinüberziehen und nach sich gestalten, ihren Bereich immer mehr erweitern.

I. Das Nomen und Pronomen.

Bei dem Nomen sind die alten Schranken zwischen den verschiedenen Stämmen halbwegs im Zusammenfallen begriffen, indem einerseits Eigenthümlichkeiten einer Classe auf andere übertragen werden, andererseits, theils durch die lautlichen Veränderungen der Stammauslaute, theils durch Stammerweiterungen, Vermischung ursprünglich verschiedener Stämme stattfindet, sowie auch, nachdem die Herkunft und das wahre Verhältniss der Formen in Vergessenheit gerathen war, neue Stämme gebildet werden, indem von einer gewissen Casusform eine neue Flexion ausgeht. Vor allem haben die an Zahl weit überlegenen A-Stämme einen grossen Einfluss auf die übrigen geübt, sowohl in Bezug auf Casusendungen, da die besonderen Endungen der A-Stämme durch die Häufigkeit derselben eine Geläufigkeit bekamen, die sie vielfach auch anderen Stämmen aufdrang, als hinsichtlich der Stammbildung, indem fast alle consonantischen Stämme, theils ganz, theils in gewissen Casus in die Flexion der A-Stämme übertraten.

Indem wir jetzt den Veruch machen, die sich hier regenden Kräfte in ihrem Wirken näher zu betrachten, wird es nothwendig sein diejenigen Formen voranzustellen, die dem Sanskrit ganz oder mit den in den Lautgesetzen des Pāli begründeten lautlichen Modificationen entsprechen.

I. Dem Sanskrit entsprechende Formen.

a. Formen der Nomina.

Die Themata auf *a* sind am unverändertsten geblieben, weil sowohl ihre Häufigkeit die einmal gegebenen Formen gegen Neuerungen schützte, als auch ihre eigene Natur den Lautgesetzen keinen Conflict darbot.

Im Nom. Masc. musste der Uebergang der Endung as in *o*, welcher im Sanskrit nur vor Tönenden stattfindet, nach den Lautgesetzen des Pāli überall durchgeführt werden. Auch vor folgendem Vocal bleibt das *o* unverändert; im Dh. kommt nur einmal Apostrophe desselben vor: tanuk' ettha (v. 174). Im Neutr. musste ebenfalls das *m* in Anusvara übergehen, indessen bleibt es bisweilen vor einem Vocal oder einem Labialen. Wie auch sonst kann der auslautende Anusvara aus metrischen Rücksichten verklingen, auch der vorhergehende Vocal elidirt werden: mal' itthiyā Dh. v. 242 = malam. Vers 141 fordert das Metrum rajovajall' statt des gegebenen rajovajallaṁ. Dasselbe gilt natürlich vom Acc. Masc.

Im Acc. Fem. wird das ā zu a geschwächt, da eine geschlossene Silbe nur kurz sein kann. Nur einmal, wo auch das Metrum eine Länge fordert, findet sich im Dh. die alte Form, von einem folgenden iva gestützt, welches damit gleichsam ein Wort bildet: kasām iva (S. kaçā) v. 143. Dagegen ist das ganz unter denselben Verhältnissen vorkommende ajjatanām iva (S. adyatanam) v. 227 als eine ganz willkührliche des Metrums wegen vorgenommene Dehnung zu betrachten, wie vielfach auch aus metrischen Rücksichten, ohne inneren Grund, die Endung *-ti* der 3ten Pers. Praes. gedehnt wird.

Der Instr. Masc. und Neutr. lautet wie im Sanskrit, z. B. verena, Dh. v. 5. S. vaireṇa, ebenso der Dativ in den wenigen Fällen, wo er noch vorkommt, im Dh. flg. Stellen: parihānāya

v. 32. anatthāya v. 72 attaghaññāya (einem S. *ghanya aus d. W. han entsprechend) v. 164. saggāya (svarga) v. 174. bhavāya vibhavāya v. 282. tāṇāya (trāṇa) v. 288. nirayāya v. 311 und cirāya (adv.) v. 342, alle bestimmter die Richtung oder das Ziel bezeichnend. In späteren Texten kommt am häufigsten der Dativ atthāya (S. arthāya) vor.

Im Ablativ Masc. und Neutr. musste nach dem Auslautsgesetze des Pāli das eigentliche Ablativzeichen *t* wegfallen, und nur die Länge des *a* blieb als Casusbezeichnung z. B. lokā Dh. v. 220. Obgleich somit die Ablativform eine sehr unbestimmte und mit mehreren anderen Casusformen gleichlautend wurde, weshalb die Sprache auch andere Mittel fand den Ablativ zu bezeichnen, so ist doch diese Form, besonders in älteren Texten wie das Dh., sehr gewöhnlich. Im Dh. finden sich 23 solche Ablative zweimal vor Vocal ohne Apostrophe oder Contraction, v. 87. 327, worin man vielleicht den Einfluss des ursprünglichen *t* sehen könnte, obgleich das Pāli übrigens den Hiatus nicht sehr scheut. Dagegen bietet es nur ein Beispiel der zweiten Bildung (lokamhā). Dem Sanskrit entsprechend ist auch der Gebrauch des Suffixes *to* (tas) als Ablativbezeichnung, obgleich im Pāli in viel ausgedehnterer Anwendung, 9 Male im Dh., z. B. kāmato v. 215, auch häufig vom Commentar desselben verwendet. Auch bei den übrigen vocalischen Stämmen und den als solche behandelten consonantischen kommt es vor. Dh. 154. aṇgulito. Sen. 294. pitito mātito bhātito, duhitito (es fragt sich jedoch ob diese letzteren Formen wirklich als Casusformen gebraucht werden). Diese Formen bezeichnen im Dh. bestimmter den Ausgangspunkt (so viermal bei jāyati (Pass. der W. jan), während die gewöhnlichen Ablativformen sich bisweilen in der Bedeutung dem Instr. nähern (z. B. ahiṁsā Dh. v. 270, von dem Comm. mit ahiṁsanena wiedergegeben).

Im Genitiv Masc. und Neutr. nimmt *-sya*, wie auch im Futurum, immer die Gestalt *-ssa* an, z B. sāmaṇassa Dh. v. 19, S. çrāmaṇasya. Der Gen. (Abl.) Fem. hat die Endung āya, aus -āyās entstanden. Die Kürzung der Endsilbe beruht wohl darauf, dass im Pāli bei mehrsilbigen Wörtern nicht gern sowohl vorletzte als letzte Silbe natürliche Länge haben; dabei konnte bei der Tonlosigkeit der letzten Silbe die Schwächung leichter eintreten. Vielleicht ist im Dh. einmal die ältere Form mit langem *a* erhalten, indem in der letzten Hälfte von V. 216: taṇhāya jāyatī bhayaṁ, das Metrum nothwendig taṇhāyā (S. tṛṣṇāyās) verlangt.

Im Locativ Masc. und Neutr. ist die dem Sanskrit entsprechende Form, z. B. vane Dh. v. 107 weit häufiger als die später zu erwähnende auf pronominaler Flexion beruhende. Im Fem, wo auch eine Doppelheit vorhanden ist, kommt die ursprüngliche Form, wie sālāyaṁ (S. çālāyām). Jāt. 1. p. 125, kaññâyaṁ Sen. 296 selten, im Dh. nirgends vor. Die Kürzung der Endsilbe wie im Acc.

Vocativ Masc. ist wie im Sanskrit der reine Stamm: gahakāraka (gṛha-) Dh. v. 154. purisa (S. puruṣa) v. 248. brāhmaṇa v. 383. Das Fem. hat gleichfalls die sanskr. Form: ayye (ārye), kaññe (kanye) Sen. 306. Die uralte Vocativbildung bei dem Worte ammā hat sich auch im Pāli erhalten: Voc. ammă, öfters im Comm. des Dh., Jāt. 1. p. 111. 112.

Im Nominativ Plur. Masc. und Fem. fällt nach dem Auslautgesetze das *s* ab.: puttā, kaññā. Das Neutr. hat immer āni.

Wenn einige Male Formen wie dukkhā (Subst.) Dh. v. 203. 221., padā. v. 273 von sonst neutralen Wörtern vorkommen, so ist hier nur ein Schwanken im Genus anzunehmen, wie auch sonst nicht selten; so begegneten wir oben dem Abl. ahimsā, während das Wort sonst Fem. ist; v. 270 findet sich der Plur. pāṇāni von (prāṇa) m., pabbatāni v. 188. von (parvata) m., dhammāni v. 82 von dhammo; so ist auch das sanskr. Neutr. mitra im Pāli Masc. (v. 78), ebenso sattā (Nom. Plur.) v. 316. S. sattva Neutr.; das sanskr. Fem. alābu wird im Pali ein Neutr.: alāpūni (Pl.) Dh. v. 139. u. a. m.

Im Gen. Plur. wird die Endung ām, wie im Acc. Sing. Fem., zu aṁ geschwächt. Verklungen ist der Anusvara Dh. v. 183. 185: buddhāna sāsanaṁ, v. 182: maccāna jīvitaṁ, v. 224: devāna santike, indem das Metrum an allen Stellen eine Kürze verlangt. Dazu kommen vielleicht ein paar Stellen, wo die Apostrophe sich zwar nicht vorfindet, wo aber das Metrum eine solche fordert: v. 210, erste Hälfte: piyān(aṁ) adassanaṁ dukkhaṁ, v. 333, letzte Hälfte: pāpān(aṁ) akaraṇaṁ sukhaṁ. Diese Behandlung des Anusvara im Pāli erinnert an die des *m* im Lateinischen.

Der Instr. Fem. ist regelmässig, die Endung *-bhis* wird gewöhnlich zu *hi*, indem von dem bh nur die Aspiration übrig blieb, wie in hoti aus bhoti = bhavati; jaṭāhi Dh. v. 393. S. jaṭābhis ebenso der Locativ aller Genera; dāresu v. 345 ist Masc. wie im Sanskrit; sonst kommt das Wort auch im Sing. vor, z. B. Dh. p. 97.: dārena.

Von den i- und u-Stämmen fallen die auf kurzen und die auf langen Vocal ausgehenden im Pāli eigentlich zusammen; nur in wenigen Fällen trennt sich ihre Flexion. Folgende Formen entsprechen hier dem Sanskrit:

Der Nom. Sing. Masc. und Fem. bietet noch Abfall des *s* den reinen Stamm. Masc.: muni Dh. v. 269 ñāti v. 204; von u-Stämmen: maccu (mṛtyu) v. 135. maṇku v. 249. bhikkhu (bhikṣu) etc. Stämme mit langem u giebt es sehr wenige. Ein Beispiel ist abhibhū v. 353. Fem. z. B.: gati v. 92. rati v. 141. jāti v. 153. Themata auf ī: dabbī v. 64. nadī v. 251. sāmaggī v. 194. Adjective: amānusī v. 273, jammī (v. jālma) v. 335. Neutr. z. B. vāri Dh. v. 401. bahu (Acc.) v. 258.

Acc. Masc. und Fem. der Kurzen i- und u-Stämme ist regelmässig: aggiṁ, bhikkhuṁ, gatiṁ, dhenuṁ. Von den Themata auf ī, welche gewöhnlich den Acc. ebenso bilden, führt Kacc. auch die dem Sanskrit entsprechende Form an: itthiyaṁ = striyam. (Sen. 299).

Gen. Neutr. ist regelmässig, z. B. vārino. (S. vāri).

Im Gen. Abl. Fem. ist die im Sanskr. beliebige masculine Flexion der kurzen i-Stämme aufgegeben. Abl. ratiyā Dh. v. 214. entspricht dem Sanskr. ratyās. Von den Themata auf ī: pathavyā Dh. v. 178. S. pṛthivyās; najjā Sen. 248. S. nadyās.

Gewöhnlich entwickelt sich wie auch sonst vor dem y ein *i*: puthaviyā (auch. puthabyā pathabyā) Sen. 232. 235; nadiyā Dh. 118; itthiyā Dh. v. 252. = striyās.

Instr. Masc.: sārathinā v. 94. pāṇinā v. 124. 285. samādhinā v. 144. — bahunā v. 166. Neutr.: sādhunā v. 223. Fem. der ī-Stämme: iddhiyā (ṛddhi) v. 175. sātiyā (çāti) v. 394. jātiyā und die ältere Form jaccā = jātyā Alw. N. 104. 108. najjā = nadyā. Sen. 248.

Im Locativ. Masc. findet sich ein wereinzelter Rest der alten Bildung in dem adverbial gebrauchten ādo = S. ādau. Sen. 233. und ādu mit Uebergang des *o* in *u* (wie im Pron. asu statt *aso = asau) Dh. p. 96. Vielleicht ist auch hetu, z. B. Dh. v. 84. na attahetu na parassa hetu, und öfters kissa hetu, als Locativ anzusehen, statt *heto = hetau. Ebenso ist das Adverbium ratto ein Locativ vom Fem. ratti, dem Sanskr. rātrau entsprechend. Wie sich in den gleichsam abgestorbenen und deshalb keiner weiteren Veränderung unterworfenen Adverbien alte Bildungen fest erhalten, zeigt auch das Lateinische und das Griechische in mannigfaltigen Beispielen.

Sonst folgen die Feminina auf i, wie im Gen., den Themata auf ī. Von den zwei Formen, die hier wie bei den a-Stämmen vorkommen, ist die dem Sanskrit entsprechende die häufigere: tiriyaṁ Dh. 108. yoniyaṁ 191. bhūmiyaṁ Dh. p. 107. 308. (S. bhūmyām) aṭaviyaṁ (aṭavī) Dh. p. 85. nadiyaṁ (nadī) Dh. p. 224. auch ohne eingeschobenes *i*: matyaṁ ratyaṁ puthabyaṁ Sen. 232. neben puthaviyaṁ 232. pathaviyam 235. Bisweilen kann auch der Ausgang iyaṁ in iṁ contrahirt werden: Sen. 234. bārānasiṁ = S. bārāṇasyām. Ebendaselbst findet sich auch ādiṁ als Nebenform zu ādo, von einem Femininum ausgehend.

Im Nom. Plur. Masc. kommt die regelmässige Form dann und wann vor: munayo Dh. v. 225, aggayo, issayo (ṛṣi) Sen. 246. patayo (pati) Mah. 253. — bahavo Dh. v. 307. bhikkhavo, hetavo Sen. 247. Von einem Thema auf ū: sayambhuvo (svayambhū) Sen. 247. Feminina auf ī: rattiyo, itthiyo (striyas)

Sen. 258. Dh. 169. (Acc. 177) bhaginiyo Dh. 160. mahesiyo 164. najjo (S. nadyas) Sen. 248. Im Neutr. kommen die regelmässigen Pluralformen häufig vor: aṭṭhīni (asthi) Dh. v. 149. akkhīni (akṣi) Dh. p. 89. tīṇi (trīṇi) Jāt. 3. — dāruni F. Jāt. 2, 56. Dh. p. 85. Jāt. 1. p. 134. assūni (açru) Dh. p. 308. alāpūni (alābu f.) Dh. v. 149. Sen. 243.

Im Instr. und Locativ der kurzen Stämme, ist die Kürze des Stammvocals äusserst selten erhalten, nur in Versen, wenn das Metrum eine Kürze fordert. So findet sich Dh. p. 146 ñātĭhi (jñāti). Anecd. 33: jantŭhi, obgleich das Metrum eher jantūhi verlangte; bhikkhŭsu Dh. v. 73. Feminina auf ī: itthīhi, Sen. 241.

Genitiv Plur.: nidhīnaṁ Dh. v. 76. ñātīnaṁ v. 139 bahūnam, und seltener bahunnaṁ (z. B. Dh. p. 81), indem die Länge des Vocals durch Doppelconsonant ersetzt wird, wie jannu (neben jānu) = S. jānu. Fem. rattīnaṁ etc. Sen. 243. dhenūnaṁ Dh. p. 238.

Von den diphthongischen Stämmen hat allein das Thema go einige ursprungliche Formen bewahrt: Nom. Sing.: go, dem S. gaus entsprechend, Das Jāt. 35. Nom. Plur. gāvo Sen. 236. Instr. Plur.: gobhi, gohi Sen. 239. Loc. gosu Sen. 239. Genitiv: gavaṁ Ab. 496. gavampati (Herr der Kühe). Sen. 237. In Compositis kommt gewöhnlich die Form go- vor.

Durchgehend consonantische Themata giebt es nicht mehr im Pāli. Nur vor vocalisch anfangenden Casusendumgen konnte sich der consonantisch ausgehende Stamm erhalten. Am meisten sind die Themata mit Stammabstufung ihrer alten Flexion treu geblieben; von den übrigen consonantischen Stämmen finden sich nur ganz vereinzelte Reste der alten Bildung, vor allem in Adverbiis, wie divā = S. divā; ferner die Formen: pādā (Instr.) Dh. p. 164. sarado (Acc. Plur.) vom S. çarad Ten. Jāt. 21. 22. vācā (Instr.) Kh. G. und in einigen Compp. wie vākkaraṇaṁ Dh. v. 262. (vāc).

Die Themata auf ar zeigen folgende Reste der alten Flexion: Nom. Sing. Sen. 290. satthā kattā pitā mātā bhātā; duhitā Mah. 259. Ab. 241; die gewöhnliche Form dhītā (z. B. Dh.

p. 162) ist wohl nach der Metathesis aus *dhuitā entslanden, wie gharo aus *garho = gṛha. Indessen giebt es auch im Sanskr. eine Form dhīdā, womit es vielleicht in Verbindung stehen konnte; die Verhärtung des d wäre mit dem erwähnten alāpu für alābu zu vergleichen. Acc. Sing.: satthāraṁ pitaraṁ mātaraṁ bhātaraṁ Sen. 290. dhītaraṁ Dh. p. 162. Jāt. 1. p. 122. Genitiv: pitu = pitur Dh. 128. bhātu Dh. p 240. mātu Dh. p. 162. 403. dhītu Dh. p. 162. Sen. 292. Locativ: satthari kattari vattari pitari mātari bhātari Sen. 293. dhītari Dh. p. 238. Nominativ Plur. pitaro F. Jāt. 9. bhātaro Dh. 96. 97. mātaro Dh. p. 328. dhītaro Dh. p. 191. sathāro kattāro vattāro. Sen. 292.

Die Nomina agentis auf -ar bewahren, wie man sieht, auch im Pāli die Länge in den starken Casus: Acc.: hantāraṁ Dh. v. 389. Nom. Pl. akkhatāro v. 276 (ākhyātar). Das gewöhnlichste dieses Wörter satthā bildet Acc.: sattāraṁ. (Dh. p. 79.) Gen. satthu (p. 105.) Loc. satthari (p. 128).

Von den Participiis praes. auf -ant. sind im Dh. noch die gewöhnlichsten die Nominative auf -aṁ, wie passaṁ (paçyan) v. 110, indem sich das *n* in Anusvara umwandelte. Wie sonst in der Endung aṁ kann sich der Anusvara bisweilen aus metrischen Grunden verflüchtigen: v. 343: ākankha virāgaṁ statt ākankhaṁ (ā — kāṅkṣ), auch der vorhergehende Vocal elidirt werden: pabbajay' attano malaṁ (v. 388) statt pabbajayaṁ (pra-vraj). Es kommen im Dh. 24 solche Nominative vor, dagegen nur dreimal die späteren, sonst gewöhnlichen, durch Weiterbildung entstandenen Nominative. Demgemäss sind auch die Accusative, wie jhāyantaṁ (W. dhyai) v. 395. pacinantaṁ (pra-ci) v. 47 für identisch mit den gleichlantenden sanskr. Acc. zu halten.

Der Gen. Sing. bildet im Dh. nur die regelmässige Form: passato v. 113. 373. rakkhato v. 241. dadato v. 242. jhāyato v. 372. jānato v. 384. avijānato v. 38. jāgarato v. 39. 60. (W. jāgṛ). akubbato v. 51. 124. karoto v. 116, wie aus einem Nom. *karoṁ mit Weiterführung des starken Praesensstammes.

Nur eine Locativform findet sich im Dh. und zwar die ursprüngliche: sati v. 146; eben diese Form kommt besweilen auch sonst vor, z. B. Dh. p. 360 (in einem Verse); asati Dh. p. 235; besonders in absolutem Gebrauch, sogar einem Fem. angefügt, z. B. Jāt. 4.: jātiyā sati, indem das Wort durch den häufigen Gebrauch in solchen Fällen eine formelartige Natur bekam und gleichsam erstarrte; andererseits zeigt dies auch, wie die unter der Ueberwucherung neuer Bildungen vereinzelt dastehenden alten Formen dem Sprachbewusstsein weniger lebendig vorkamen. — Sen. 286. gacchati.

Auch im Instr. ist im Dh. in den zwei Fällen, wo er von diesen Stämmen vorkommt, die alte Bildung erhalten: passatā v. 245. asatā v. 367. Sen. 286.

Im Nom. Plur., wo sonst die Neubildung die geläufigere ist, hat das Dh.: santo v. 83. 151. 304, wohl auch: asant' ettha v. 304, arahanto v. 98. Das Participium des Verbum subst. hat überhaupt in der Flexion die älteren Formen besser bewahrt, wiel diese durch den häufigen Gebrauch desselben eine grössere Geläufigkeit gewonnen hatten als die entsprechenden Formen anderer Participia. So bietet uns dieses Wort das einzige Beispiel dafür, dass der consonantische Stammauslaut sich mit der consonantisch anlautenden Casusendung durch Assimilation vertragen hat: Instr. Plur.: sabbhi Dh. v. 151. und Sen. 285: sabbhir eva = sadbhis.

Auch was den Gen. Plur. betrifft steht das Dh. auf einer älteren Stufe, indem sich da nur die alten Formen finden, erstens vom Partc. des Verbum subst.: sataṁ v. 54. 77. 151., dann.: arahataṁ (W. arh.) v. 164 vijānataṁ v. 60. 171. 374.

Mahat hat als Nom. Masc. mahā Dh. p. 298, aus mahān, wie die Themata auf -mant und -vant, z. B. guṇavā aus guṇavān. Hier ist das *n* abgefallen durch Weiterwirckung desselben Gesetzes, nach welchem im S. das Thema rājan im Nom. seinen Auslant verliert. Daneben findet sich bei Kaccāyana (Sen. 286) die Nominativform mahaṁ, was dem sanskr. mahān ganz entsprechen würde, indem das n in Anusvara überging, und das ā in der geschlossenen Silbe verkürzt werden musste. Vielleicht geht doch diese Form nicht aus mahān hervor, sondern es hat das Wort entweder seinen ursprünglichen participialen Charakter bewahrt, oder, was wahrscheinlicher ist, seine Nominativform den Participiis, mit denen es sonst in gleicher Reihe steht, später nachgebildet. Accusativ. mahantaṁ Dh. p. 197. Der Instr. mahatā, Gen. mahato, Loc. mahati Sen. 286, sind seltene Formen. Der Stamm mahat hat sich abweichend vom Sanskr. vielfach in der Composition erhalten: mahabbalo Mah. 150, Subst. mahabbalaṁ Mah 64. mahacchaṇo (mahat + kṣaṇa) mahaggato (mahat + gata). mahagghaso Dh. v. 325. mahapphalo Dh. v. 312. 356. 359.

Die Themata auf -mant und -vant verlieren, wie schon erwähnt, im Nom. Sing. Masc. ihr auslautendes *n*.: bhāgavā Dh. v. 19. verivā v. 42. (S. vairivān), sīlavā v. 84 (çilavān) paññavā (eine Hdschr.: paññāvā) v. 84. (prajñāvān); brahmacariyavā v. 267. santavā v. 378 (çrantavān). cakkhumā (aus cakkhu; S. cakṣuṣmān) v. 273, satimā v. 379 (satīmā v. 328) S. smṛtimān. Eine seltene Form ist himavā (S. himavān) Ab. 606. Sen. 246 (gewöhnlich: himavanto). Accusativ: vaṇṇavantaṁ Dh. v. 51. vatavantaṁ (vrata-) v. 208. 400. sīlavantaṁ v. 400. Sen. 245. Genitiv: uṭṭhānavato Dh. v. 24. satīmato v. 24. Sen. 245. Instr. und Loc.: guṇavatā, guṇavati Sen. 262. Der Vocativ guṇavaṁ. Sen. 261 entspricht ganz dem sanskr. guṇavan.

Im Nom. Plur. hat das Dh. nur die regelmässige Form: yāvanto (yāvant' ettha) v. 337. yutīmanto v. 89. satīmanto v. 91. Ebenso im Gen.: satīmataṁ v. 181. sīlavataṁ v. 56. Sen. 259. 262.

Auch die Themata auf -an haben die Stammabstufung zum Theil erhalten. Der Nom. Sing. lautet gleich Sanskr. Sen. 287: brahmā, attā und mit anaptyktischem u: ātumā (eine seltene Form), rājā. attā Dh. v. 62. 104. 159. 380. rājā v. 170. 309. 329. Neutr. kamma (karma) v. 96. Acc. kamma v. 217.

Acc.: rājānaṁ etc. Sen. 287. F. Jāt. 6. Das. Jāt. 2. attānaṁ ist im Dh. einmal (v. 355) um des Metrums willen zu attănaṁ gekürzt. addhāna Dh. v. 207. für addhānaṁ (adhvan). Instr. raññā (Sen. 265. Dh. p. 154), Gen. rañño (Sen. 265. Dh. p. 154. F. Jāt. 6.) entsprechen ganz dem sanskr. rājñā, rājñas; ebenso attanā = ātmanā. Dh. v. 66. 160. 379. brahmanā, kammanā. Sen. 274. Gen. attano z. B. Dh. v. 15. Sen. 295. Loc. brahmani, kammani, cammani Sen. 289. Nom. Plur.: rājāno Dh. p. 153; brahmāno, attāno, ātumāno Sen. 287. Neutr. z. B. kammāni. Gen. raññaṁ. Sen. 265. Auch der gemischte Stamm puṁs hat ebenso in Nom. pumā (cfr. guṇavā) = S. pumān. (Sen. 271) (in Compos. puṁ, pumā) und Voc. pumaṁ = puman (Sen. 271) ursprüngliche Formen bewahrt.

Der Nominativ yuvā kommt vor Dh. v. 280. maghavā v. 30. Accusativ. yuvānaṁ, maghavānaṁ Sen. 273. Nom. Plur. yuvāno Sen. 273. Die übrigen Casus haben sich verschiedenartig gestaltet.

Die Themata auf in, welche von den einheimischen Grammatikern als mit den i-Stämmen zusammenfallend betrachtet werden, bieten folgende dem Sanskr. entsprechende Formen: Nominativ lautet wie im Sanskr., z. B. dhammacārī Dh. v. 168; ebenso der Accusativ in den meisten Fällen, im Dh.: verinaṁ v. 42. dassinaṁ v. 76. (darçin) saṁgāminaṁ v. 191. saccavādinaṁ v. 217. alīkavādinaṁ v. 223. (S. alīka-). bahubhāṇinaṁ v. 422. Genitiv z. B. nipātino v. 35. Locativ: daṇḍini, bhogini. Sen. 299. 300.

Im Nom. Plur. ist die regelmässige Form die häufigere z. B. dummedhino Dh. v. 26. Ebenso ist der Gen. ganz regelmässig: vihārinaṁ Dh. v. 57. pāṇinaṁ (prāṇin) v. 135 etc. Loc.: hemantagimhisu (grīṣmin) v. 286.

Von den Themata auf -as sind die aus der consonantischen Flexion hervorgehenden Formen spärlich belegt: Nom. Sing. tapo Dh. v. 184. Instr. tapasā Sen. 286. siro v. 260. sirasā Dh. p. 78. Am häufigsten ist der Instr.: cetasā Dh. v. 78. ayasā v. 240. tejasā v. 387. Genitiv: manaso, tapasa, tamaso Sen. 284. cetaso Dh. v. 29. Loc. manasi, sirasi etc. Sen. 283. In Compositis: yasobhago. (yaças) Dh. v. 303. rajovajallaṁ (rajas) v. 141. tapovanaṁ Dh. p. 411. cetopasādo Dh. p. 350. tejodhātu Dh. p. 309. In dem Comp. vayappatto (z.

B. Dh. p. 78) könnte der Stamm vayas vorliegen: aus vayas + prāpta. Adject.: ayomayo Sen. 284.

Candimā Dh. v. 172. 208. 387. entspricht dem sanskr. Nominativ Sing. candramās.

b. Formen der Pronomina.

Das Pronomen der 1sten Person hat folgende regelmässige Formen: Nominativ: ahaṁ. Acc. maṁ = S. mām. Instr. mayā. Genitiv mama Sen. 266 und me z. B. F. Jāt. 5. mayhaṁ (Sen. 267) entspricht dem sanskr. mahyam, mit einer gewohnlichen Umstellung des *h*, wird aber als Genitiv gebraucht, weil Genitiv und Dativ im Pāli zusammenfallen, z. B. mayhaṁ putto Jāt. 1. p. 127. Locativ: mayi Sen. 266. Der Nom. Plur. lantet mayaṁ; doch findet sich im Dh. einmal (p. 105) die dem Sanskr. entsprechende Form vayaṁ. Gen. amhākaṁ = asmākam, wie amhi = asmi.

Das Pronomen der 2ten Pers. tvaṁ (Dh. 147. Ten. Jāt. 1) hat daneben auch die Nominativform tuvaṁ Sen. 266. Dh. p. 95. Jāt. 28, mit Vocalisation des v., wie in duve neben dve. Acc.: taṁ Dh. v. 133, p. 99. Genitiv: tava Sen. 266. Dh. p. 96, te Sen. 269 und tuyham Sen. 267. Dh. 159; S. tubhyam. Locativ: tvayi, tayi Sen. 294. Die Formen no und vo haben einen noch weiteren Gebrauch als im Sanskr.

Vom Pronomen dem. kommt die Form sa des Nom. Masc. aüsserst selten vor, im Dh. v. 142. 268. 267. esa v. 5. (sonst immer: so). Nur zweimal, vor einem Vocal, ist im Dh. die Form tad des Neutr. erhalten v. 292. 326. Dh. p. 309: tad eva. Die ubrige Flexion des Masc. und Neutr., ist regelmässig: Acc. taṁ. Instr. tena. Gen. tassa. Abl. tasmā im Dh. 11 mal, während die jüngere, durch Verhauchung des s entstandene Form: tamhā nur einmal vorkommt. Locativ: tasmiṁ, tamhi. Nom. Plur. te. Neutr. tāni. Instr. tehi. Gen. tesaṁ. Loc. tesu. Fem.: Nom. Sing. sā. Dh. p. 314. Acc. taṁ. Dh. v. 336. Gen. Abl. tassā. Jāt. 154. Loc. tassaṁ, dem S. tasyās und tasyām entsprechend; wahrscheinlich durch den Einfluss des ursprünglichen y sind die Nebenformen tissā und tissaṁ entstanden; denselben assimilirenden Einfluss zeigt das y im Sanskr. z. B. in der Form çiṣy von der W. ças. — tissā findet sich z. B. Dh. p. 233, tissam p. 391. Sen. 230. Ebenso ekissā dem sanskr. ekasyās entsprechend, Dh. p. 85. 402. — Nom. Acc. Plur.: tā. Instr. tāhi Gen. tāsaṁ. Loc. tāsu. So flectiren auch: yo, ko, sabbo, itaro, katamo etc. Von dem Pronomen idam sind folgende Formen regelmässig: Nom. Sing. Masc. ayaṁ. Sen. 280. Acc. imaṁ Dh. v. 171. Instr. anena Sen. 279. Gen. assa. Abl. asmā. Loc. asmim. Sen. 281. 249. Neutr. idam. Dh. v. 371. Sen. 262. Nom. Plur. ime. Neutr.: imāni. Instr. ehi. Gen. esam. Loc. esu (Sen. 279). Fem. Acc. Sing. imam = S. imām. Dh. v. 369. Gen. assā, Loc. assaṁ. Sen. 281. Plur. Nom. Acc. imā.

Vom Pronomen adas: Nom. Sing. Masc. und Fem. asu. Sen. 280, mit einem nicht ganz seltenen Uebergang von *o* in *u*, statt *aso = asau. Acc. amuṁ Sen. 280. Gen. und Loc. Fem. amussā, amussaṁ Sen. 229. 282. Loc. Masc. amumhi = amuṣmin Kamm. 3.

In einigen Fällen steht das Pāli noch auf einer älteren Stufe als das Sanskrit. Formen dieser Art sind die Instr. Plur. von Masc. und Neutra der a-Stämme, z. B. purisebhi, ganz den vedischen Formen entsprechend; hier hat offenbar der Umstand zur Erhaltung der ursprünglichen Form mitgewirkt, dass der Abl. Plur. im Pāli verloren gegangen ist und vom Instr. vertreten wird. Da nun der Ablativ ursprünglich auf -ebhyas ausging, konnte bei dem Zusammenfallen beider Casus die dem Sanskr. entsprechende Form auf āis nicht zur Geltung kommen; auch war die Endung den Lautgesetzen des Pāli sehr unbequem.

Was solche Formen des Nom. Acc. Plur. Neutr. der Themata auf i und u, wie akkhī Dh. p. 82 (Sing. akkhī = akṣi), aṭṭhī, āyū (Sen. 243. 257 betrifft, so ist es nicht unwahrscheinlich, dass wir hier eine uralte, im Sanskr. verlorene Bildung vor uns haben. Dass die mit *n* erweiterten Nominative Plur. eine jüngere Erscheinung sind, zeigen sowohl die verwandten Sprachen, welche eine solche Bildung nicht kennen, wie auch der Vedadialekt, wo die Endungen ī (ĭ) und ū statt īni und ūni häufig vorkommen. Ganz undenkbar wäre es jedenfalls, dass in diesen Pāliformen das Neutrum sich nach dem Masc. und Fem., die gleichlautende Plurale bilden, gestaltet habe.

Einer vedischen Form entspricht auch der Gen. Plur. des Thema tri: tiṇṇaṁ (Dh. v. 157), aus trīṇām hervorgegangen, indem statt der Länge Verdoppelung des Consonanten eintrat, wie auch sonst bisweilen, — im Gegensatz zum sanskr. trayāṇām, welches um so mehr zu erwarten wäre, als sonst das Pāli die Tendenz zeigt die Genitive Plur. gleichartig zu gestalten, und zwar nach der a-Decl. auf -ānaṁ ausgehend.

---

2. Pronominale Endungen bei den Nomen.

Abl. Loc. Sing. Die merkwürdige Erscheinung pronominaler Endungen in diesen Casus, welche eine weite Ausdehnung gefunden hat, wird ihren Ausgangspunkt genommen haben von Fällen, in denen die sanskr. Endung, nach den Lautgesetzen des Pāli verändert, unerkennbar geworden wäre. So im Loc. Sing. der masculinen i- und u-Stämme, wo der sanskr. Endung -āu im Pāli ein *o* entsprechen würde, wie wir auch vereinzelt die Form ādo = ādāu kennen gelernt haben. Die Ablativendung -ōs müsste auch im Pāli in *o* übergehen. Weil aber diese wenigen Formen, die auch ohnehin keinen Unterschied der beiden Casus darboten, unter der grossen Menge der sonst auf -*o* ausgehenden Wörter, wo die Endung o einem sanskr. as entspricht, sich schwerlich als Locative oder Ablative hätten behaupten können, war hier eine Unterscheidung nothwendig. Dass eben um der Deutlichkeit willen solche Suffixveränderungen von der Sprache vorgenommen werden, zeigen mehrere Erscheinungen in den verwandten Sprachen; so ist ja im Lat. der ursprüngliche Genitiv Plur. der o-Stämme bis auf wenige Reste verschwunden, gewiss weil die Gleichheit dieser Form und des Acc. Sing. verwirrend war. Wenn nun schon in sehr alter Zeit, wie die verwandten Sprachen (z. B. durch die Bildung des Gen. Plur. der a-Stämme im Griech. und der a- und o-Stämme im Lat., ebenso des Nom. Plur. beider Stämme) zeigen, entweder keine Verschiedenheit der nominalen und der pronominalen Flexion vorhanden war, oder die pronominalen Endungen sich von den Pronomen aus weiter verbreitet haben, so lässt es sich wohl denken, dass während das Sanskrit in dieser Beziehung früh geregelt wurde, die Möglichkeit einer Doppelbildung der Volkssprache blieb. Von diesem Vermögen hat dann die Oekonomie des Sprache den angemessenen Gebrauch gemacht. So fixirten sich als alleingebraucht Formen wie isismiṁ, isimhi (Loc. vom Sanskr. ṛṣi), wo früher vielleicht daneben dem Sanskr. entsprechende Formen bestanden, während bei den masculinen und neutralen a-Stämmen die aus der nominalen Flexion hervorgehenden Formen noch überwiegend sind; indessen sieht man auch hier, dass das Prinzip der Deutlichkeit maassgebend gewesen ist, indem der dem Sanskr. entsprechende Ablativ Sing. sich vom Nom. Plur. Masc., der Locativ Sing. sich vom Acc. Plur. Masc. der Form nach nicht unterscheidet; in beiden Casus waren also diese scharf characterisirenden Formen sehr bequem.

Von den Themata auf a, findet sich im Dh. nur ein solcher Ablativ: lokamhā v. 175. Auch in späteren Texten sind die regelmässigen Formen die häufigeren. Im Locativ Sing. findet sich diese Bildung häufiger im Dh.: dhanasmiṁ v. 58; ujjhitasmiṁ v. 58 (W. ujjh); pāpasmiṁ v. 116; lokasmiṁ v. 143; appasmiṁ v. 224 (der Vers fordert lokasmi, appasmi oder lokamhi appamhi); neben lokasmiṁ kommt loke 12 mal vor; bhattasmiṁ v. 185; yogasmiṁ v. 209; nāmarūpasmiṁ v. 221. 367; vanasmiṁ v. 334. 345; bhojanamhi v. 8.

Von einem Thema auf i: rasimhā v. 53 (rāçi).

Accusativ Plur. Masc. auf e bei den a-Stämmen. Diese Form kann unmöglich aus dem sanskr. Acc. Plur. hervorgegangen sein, ebenso wenig bieten die übrigen Fälle, wo das Pāli oder ein Prākritdialekt abweichend vom Sanskr. ein *e* hat, ein Analogon. Wenn man nun sieht, dass im Pāli die pronominale Flexion eine weitere Verbreitung gefunden hat, wird es wahrscheinlich, dass, wie Kuhn meint, auch diese Form desselben Ursprunges sei. Zwar liegt es sehr nahe anzunehmen, dass die wenigen Pronomina in ihrer Bildung des Acc. Plur. (wie ye, te, pare etc.) der Analogie der vielen Nomina gefolgt seien, wie Nominativ so für sa, taṁ für tad; es bietet aber das Zend eine Stütze für die Annahme, dass diese Accusativform der Pronomina im Pāli eine selbständige, ohne die Analogie der Nomina entstandene, Bildung sei, indem da vielfach der Accusativ Plur. der Pronomina wie der Nominativ die Endung *e* hat, was erklärlich wird, wenn man bedenkt, dass die Stammerweiterung durch *i*, woraus die Endung *e* entstand, eigentlich keine Casusendung war, sondern nur den Pluralis bezeichnete (cfr. tešām tešu, amībhis etc.). Es wäre denn denkbar, dass ferner von den Pronomen aus diese Bildung sich auch auf die masculinen a-Stämme verbreitet habe, und zwar ebenfalls ohne Unterscheidung des Nominativs und des Accusativs, welche Casus im Pāli auch bei den übrigen Stämmen vielfach lautlich zusammenfallen, während daneben die dem Sanskr. entsprechende Pluralbildung ursprünglich die gleiche Geltung hatte. Wir würden dann ein völliges Analogon zu der Bildung des Nominativ Plur. bei diesen Stämmen im Griech. und Lat. haben. Im Laufe der Zeit müsste sich dann die Form auf ā für den Nom. Plur. festgesetzt haben, während die andere Bildung dem Acc. allein blieb, wodurch die Sprache eine Unterscheidung von den Femininis gewann. — Auch das Jainaprākrit stimmt in dieser Accusativbildung mit dem Pāli.

---

3. Vereinfachung des Casussystems.

Wie es eine Sprache in ihrem späteren Stadium kennzeichnet, beschränkt sich das Pāli immer mehr auf das Nöthigere und giebt unwesentlichere Unterschiede in der Bezeichnung auf. Die feineren Nuancen der Beziehung, welche der Formenreichthum einer alten Sprache gestattet, fallen im späteren Sprachleben weg, weil das unmittelbare Gefühl der Bedeutsamkeit der Formen allmählig abgeschwächt wird, und weil alles, was sich seltener dem Geiste darbietet, am Ende in Vergessenheit gerathen muss. Im Pāli wie auch im Griech. und Lat. sehen wir deshalb unter den mannigfaltigen Berührungen der Casusverhältnisse die Casus in einigen Fällen gewissermaassen zusammenlaufen, indem ursprünglich aus einander gehaltene Beziehungen später durch ein und dieselbe Casusform vertreten werden.

1. Das Pāli hat wie das Lateinische den Dual gänzlich aufgegeben. Ein paar Reste finden sich noch, wie auch dort: ubho = S. ubhāu, und zwar erstarrt, so dass es alle Genera bezeichnet: Nom. Masc. Dh. v. 74. 306. Neutr. v. 256. 269. Fem. z. B. F. Jāt. 17. Dieses Wort entspricht also ganz dem lat. ambo, wie dve dem duo, nur dass bei dem letzteren die Form des Neutr. sich auch auf das Masc. verbreitet hat.

2. Die eigenen Formen des Vocativs sind beschränkt worden. Von den Neutris der a-Decl. kenne ich kein Beispiel des Vocativs. Was das Fem. betrifft führt Kacc. neben die gewöhnlicheu Formen auf *e* die Vocative an: (bhoti) ammā, annā, tātā (Sen. 256); hier könnte freilich die Länge vor folgendem ti (iti) gemeint sein, wie es z. B. heisst: bhikkū ti, wo die Länge also dem Vocativ nicht gehört, sondern ihren Grund darin hat, dass die Anrede am Ende des Satzes steht, wobei entweder durch diese Verlängerung der letzten Silbe die Rede im Gegensatz zum folgenden ti hervorgehoben wird, oder die lange Silbe auf einer Verschmelzung der Vocale beruht: bhikkhū' ti aus bhikkhu iti. Möglicherweise ist aber hier, wie in den folgenden Fällen, die Nominativform an die Stelle des Vocativs getreten.

Bei den Masculinis und Fem. auf *i* und *u* vertritt im Sing. die Nominativform den Vocativ: bhikku Dh. v. 272. 309. 371. 279. Bei dem häufigen Eintreten des Nominativs für den Voc. ist dies jedenfalls wahrscheinlicher, als wenn man es so auffassen wollte, es wäre hier der reine Stamm vorhanden, wie im Griech., und wie auch im Sanskr. die Neutra auf i und u neben der gunirten Form auch den einfachen Vocal zulassen. — Um so sonderbarer ist es, dass die Masculina auf u im Gegensatz sowohl zum Sanskrit als zu allen anderen verwandten Sprachen im Pluralis ihren Vocativ von dem Nominativ unterscheiden; so ist bhikkhave die gewöhnliche Vocativform des Plur. von bhikkhu, z. B. Dh. p. 255. F. Jāt. 8. Daneben führt Kacc. auch die Nominativform als Vocativ an (Sen. 257): bhikkhavo. In dieser Bildung, die wohl als eine späte zu betrachten ist, muss das *e* aus *o* entstanden sein, wie im Māgadhi-Dialekt und im Jainaprākrit der Nominativ Sing. der Masculina auf a die Endung e hat, und wie auch sonst im Pāli *e* zuweilen ein sanskr. as vertritt, wie sve = çvas, pure = puras, ante in Compositis wie antepuraṁ = antahpura. Noch unerklärlicher ist der Vocativ Sing. brahme vom Thema brahman (Sen. 288); möglicherweise hat sich in diesen Fällen, wie auch bei den Formen bhante, bhadante, die Analogie des Voc. der femininen a-Stämme geltend gemacht, vielleicht haben auch Sanskritformen wie kave, mate Einfluss ausgeübt, indem sich in irgend einer Weise mit dem Ausgange *e* der vocative Begriff verband.

Andere Fälle, wo die Nominativform den Vocativ mit vertritt, sind: guṇavā (Sen. 261) vom Thema guṇavant, und von den Stämmen auf an Formen wie: rājā, attā (Sen. 308). Ebenso pitā, mātā etc. (307). Beide sind als Casus recti am nächsten verwandt, und als im Laufe der Zeit die besondere Vocativform entweder überflüssig oder unbequem wurde, war das Eintreten der Nominativform natürlich, wie dies zum Theil sowohl im Sanskrit als in verwandten Sprachen geschieht.

3. Ferner wird der Accusativ Plur. vielfach vom Nominativ vertreten. Die erwähnten Accusativformen wie ye, te, die auch im Zend vorkommen, und nach welchen sich wiederum der Accusativ amhe statt des sanskr. asmān und tumhe sowohl für den Nom. als den Acc., statt yuṣmān, weiter gebildet haben, sind vielleicht hier von Einfluss gewesen, indem dadurch das Gefühl für den Unterschied der beiden Casus im Plur. geschwächt wurde. So bilden die Feminine auf ī und die denselben folgenden auf i, sowie die femininen Themata auf ū und u, welche die Endung der i-

Stämme angenommen haben, ihren Accusativ Plur. aus dem Nominativ: nadiyo gegen S. nadīs, gatiyo Dh. p. 282. (Sen. 257). Dies ist also eine Weiterentwickelung eines schon im Sanskr. vorhandenen Vorganges, indem da bei den einsilbigen Wörtern auf ī und ū der Acc. Plur. sich vom Nominativ nicht unterscheidet. Dieses hat sich nun im Pāli weiter entwickelt, indem zuerst kein Unterschied gemacht wird in der Behandlung der einsilbigen und der mehrsilbigen Themata auf ī, ferner die Themata auf ĭ mit diesen zusammenfallen, und endlich die u-Stämme von ihnen beeinflusst werden.

Auch von den Masculinis kommen, jedenfalls von den i-Stämmen, obgleich selten, solche Accusative vor: dānādayo kusalakammapathe (patho Masc. „das Almosengeben und die übrigen Wege der guten Werke.“) Kamm. 15; vīhayo lunāti (vrīhi) vrīhi Sen. 341.

Bei der dem Pāli eigenthümlichen Pluralbildung, wonach die Themata auf i und u im Pluralis auf den langen Vocal auslauten, findet das Zusammenfallen beider Casus statt im Masc. wie im Fem.: Nom. Acc. Plur.: munī, bhikkhū, ebenso: gatī, dhenū (Sen. 243). Hier könnte man zwar vermuthen, dass diese Formen eigentlich Accusative seien, aus dem sanskr. munīn, gatīs etc. hervorgegangen mit Abfall des Endconsonanten, wobei also die Accusativform sich auch für den Nominativ festgesetzt hätte, aber wahrscheinlich sind diese Formen, die später (S. 41) zur Erwähnung kommen, in anderer Weise entstanden.

Auch die Themata auf -ar bilden ihren Accusativ Plur. wie den Nominativ: pitaro, bhātaro, mātaro, dhītaro (Sen. 292) etc.; hier war der lange ṛ-Vocal in den Formen pitṛn etc. unbequem. Ebenso die Themata auf -an: rājāno Acc. plur. Dh. p. 153, wobei wohl das Prinzip der Deutlichkeit sich geltend machte; ein *rañño wäre nicht vom Gen. Sing. verschieden.

4. Der Dativ fehlt mit Ausnahme einiger wenigen Formen von Masc. und Neutr. der a-Stämme im Pāli ganz und wird vom Genitiv, welcher mit ihm in näherer Verbindung stand, vertreten. Auch im späteren Sanskrit ist der Anfang dieser Erscheinung vor-

banden. Von den persönlichen Pronomen finden sich noch, wie schon erwähnt, die Dativformen mayhaṁ (Dh. p. 251: mayha; der Vers fordert eine Kürze: mayha pūrito) und tuyhaṁ, aber mit dem vollkommenen Character des Gen. In den Genitivformen des Fem. könnte wohl auch die sanskr. Dativform versteckt liegen, oder jedenfalls kann die nach den lautlichen Veränderungen entstandene Aehnlichkeit beider Casusformen zur Verschmelzung derselben beigetragen haben. Ein Dativ ist z. B. visuddhiyā Dh. v. 274. 277.

5. Ebenso sind der Instrumentalis und der Ablativ Plur. überall verschmolzen, indem sowohl die Aehnlichkeit der Endungen -bhis und -bhyas dazu wirkte, als auch der Gebrauch beider Casus in vielen Fällen sich berührt; so wird auch im Sing. nicht selten ein Abl. angewendet, wo man den Instr. erwartete, und umgekehrt. Wir haben hier ein völliges Analogon zu dem Vorgange im Lateinischen, wo der Instr. vielleicht mit Ausnahme von einigen erstarrten Formen, ganz verschwunden ist und von dem Abl. ersetzt wird; es berühren sich ja auch die Begriffe des Ausgangspunktes und des Werkzeuges ziemlich nahe.

Auf einem ähnlichen sich-Berühren verschiedener Casusbegriffe beruht es wohl, dass die Formen me, te, no, vo, die auch dadurch, dass sie in mehreren Casus gebraucht werden können, eine unbestimmte Farbe tragen, zuweilen den Instrumentalis vertreten (Sen. 270); z. B. na me diṭṭho (dṛṣṭa) F. Jat. 9; pāpam me kataṁ (kṛta) Dh. v. 17; kataṁ te pāpaṁ Ten. Jāt. 115.

6. Als einen Anlauf zum Verdrängen des Locativs betrachte ich die Formen des Locativ Fem. ohne Anusvara. Bei den a-Stämmen ist, wie schon erwähnt, die regelmässige Form (wie sālāyaṁ) die seltenere; die zweite Form z. B. ahiṁsāya v. 300 (während der Ablativ ahiṁsā v. 270 einen masculinen Stamm zeigt) scheint nicht aus der sanskr. Locativform erklärt werden zu können. Zwar kann der Anusvara wegfallen, wie am häufigsten bei der Endung aṁ; aber dies ist doch vereinzelt und geschieht aus metrischen Gründen, und erst nachdem der Vocal gekürzt worden ist, während die i- und u-Stämme im Loc. den langen

Vocal bieten, z. B. kucchiyā. Wenn sanskr. bhāgavān zu bhāgavā wird, so ist hier das n weggefallen ohne zuerst in Anusvara übergegangen zu sein, wie im Sanskr. rājan zu rājā wird. Es scheinen vielmehr diese Formen eigentlich Genitive zu sein. Dass die Genitiv- und Locativformen sowohl bei den a-Stämmen als bei den i- und u-Stämmen gleich lauten, indem auch die Verschiedenheit in Bezug auf die Länge der Endsilben beiderlei Stämmen (z. B. kaññāya gegen bhumiyā) sich auf den Locativ erstreckt, ohne dass dieses in den Lautgesetzen des Pāli bedingt ist, scheint nicht blosser Zufall zu sein. Dass diese beiden Casus einander nicht fern liegen, zeigt ja auch der Umstand, dass im Sanskr. Gen. Loc. Dual. gleiche Form haben, und zwar ist wohl diese Form, wie die Endung zeigt, ursprünglich allein Genitiv.

Beispiele dieser Form bei den i-Stämmen sind: bhūmiyā sītalāya jātāya Jāt. 1. p. 107 („als der Boden kühl geworden war"); vīthiyā Jat. 1. p. 111; piṭṭhiyā p. 111 (vom Fem. piṭṭhī, dem sanskr. pṛṣṭha n. entsprechend); pathavyā Ten. Jāt. 118 (pṛthivī).

---

4. Uebertreten in andere Flexion.

Unter den verschiedenen Factoren, die dazu mitgewirkt haben, alte Bildungen zurückzudrängen und neue aufkommen zu lassen, sind die weitgreifendsten die beiden Hauptlautgesetze des Pāli: der Abfall des Endconsonanten und die Assimilation. Durch den Abfall des Endconsonanten bekam das Thema vocalischen Ausgang und wurde nothwendig in die vocalische Flexion hinübergezogen, und durch die von der Natur des Pāli geforderte Assimilation bei dem Conflicte consonantischen Stammauslautes und consonantisch anfangender Endungen wäre in vielen Fällen die Form bis zur Unkenntlichkeit entstellt worden. Während im ersteren Falle das Sprachgefühl gewissermaassen irre geleitet die consonantische Natur des Themas vergass, forderte im letzteren sowohl das Princip der Deutlichkeit als die Bequemlichkeit einen neuen Vorgang. Neben diesen negativ wirkenden Factoren, durch welche das ursprüngliche Verhältniss in seinem Bestande getrübt wurde, wirkte so zu sagen positiv das durch jede neuere Sprache gehende Streben nach Einheit in der Bildung, wobei die häufigeren Vorkommnisse gleichsam das Muster sind.

a. Durch Verstümmelung des ursprünglichen Stammes.

In diesem Falle geht von dem ursprünglich consonantisch endigenden Nominativ eine neue Flexion aus, indem nach dem Abfall des Endconsonanten der diesem vorhergehende Vocal maassgebend wird.

In dieser Weise werden eine ziemliche Menge consonantischer Stämme durch ihre ganze Flexion zu Vocalstämmen, wie upanisā Dh. v. 75 = upaniṣad, parisā Dh. p. 79 = pariṣad; da der feminine Begriff bleib, musste das Wort ein Thema auf ā werden. Weit häufiger geschicht dies wo i oder u ursprünglich vorletzter Vocal waren, z. B. cakkhu = cakṣus, Instr. cakkhunā Dh. v. 360; āyu = āyus Dh. v. 109, Acc. āyuṁ v. 135, Instr. āyunā Dh. p. 288, Gen. āyuno p. 128, āyussa Mah. 220, Loc. āyumhi Dh. p. 288; aru (Neutr.) = arus, arukāyo Dh. v. 147; dhanuṁ (Acc. Neutr.) Jāt. 1. p. 129 = dhanus; maru = marut, marū (Nom. Plur.) Mah. 22; joti = jyotis Ab. 33 u. a. m.

Bei allen denjenigen Themen, welche zum Theil ihre consonantische Natur noch bewahren, kommen solche dem Nominativ nachgebildete Formen vor, weil einerseits der vocalisch aussehende Nominativ trügend var, andererseits die a-Stämme durch ihre grosse Zahl die übrigen an sich zogen.

Bei den Themata auf an und in war dies um so erklärlicher, als der Nominativ nicht erst im Pāli vocalischen Ausgang bekommen hatte; es bilden daher diese Stämme, obgleich sie daneben, wie schon gesehen, viele ursprüngliche Formen bewahrt haben, bei den einheimischen Grammatikern eine Unterabtheilung respective der a- und der i-Stämme. So finden wir z. B. den Acc. attaṁ (vom Nom. attā) Dh. v. 379, muddhaṁ (Thema mūrdhan) v.

72. Kaccāyana (Sen. 273) führt an: bramaṁ, attaṁ, rājaṁ; Vocativ rājā, attā (308). Es kommt aber auch ein Adjectiv brahmo vor, Ten. Jāt. 97, wozu brahmaṁ der Accusativ sein konnte. Was rājaṁ und rājesu, rājānaṁ (Gen. Plur.), rājehi, rājebhi (Sen. 279) betrifft, so ist wohl das in Compositis gebräuchliche rājo (S. rāja) gemeint; jedenfalls scheinen diese Formen ausser in Compositis (wo im Pāli auch das consonantische Thema geläufig ist) sonst nicht vorzukommen. Auch in der Anrede scheint nur mahārāja (S. mahārāja) gebräuchlich zu sein. — Die Themata yuvan und maghavan bilden: Acc. yuvaṁ; Loc. yuve, yuvasmiṁ; Instr. yuvena (Sen. 274); Gen. yuvassa Mah. 112; Loc. Plur. yuvesu Sen. 274; maghavena, maghavesu (ibid.). Es hat doch schon das Sanskr. neben maghavan den Stamm maghava. Den Stämmen auf an folgt in dieser Beziehung theilweise das Thema puṁs, vom Nom. pumā ausgehend. Loc. pume (Sen. 272), Pl. pumesu (273), Instr. Sing. pumena (274).

Noch häufiger ist dieser Vorgang bei den Neutris; so ist z. B. der gewöhnliche Nominativ nicht kamma (S. karma), sondern kammaṁ Dh. v. 67. 71. 312; Acc. v. 66; es ist also hier aus dem Nominativ ein neuer Nominativ gebildet worden, indem das Wort gleichsam nicht hinreichend als Neutrum bezeichnet war, wenn das ṁ fehlte. Abl. kammā Dh. v. 127; Gen. kammassa Pāt. 11; Gen. Plur. kammānaṁ; Loc. kammesu; Instr. kammehi Dh. v. 136. 307. Ebenso Nominativ Sing. nāmaṁ Dh. p. 150; Acc. p. 78. 120. 155. 303; Instr. nāmena Dh. p. 130; Pl. nāmāni (z. B. F. Jāt. 9) kann auch mit der gleichlautenden sanskr. Bildung identisch sein. Als Adjectiv: sucikammassa Dh. v. 24; nihīnakammā (Nom. Plur. Masc.) v. 306.

Vermittelt ist die Behandlung dieser Themata als vocalische Stämme im Sanskrit durch Doppelformen wie rāja und brahma am Ende v. Compp., und Adverbia wie adhyātmam.

Bei den Themata auf in ist diese Verwechselung mit Vocalstämmen weit durchgreifender, weil hier von der einen Seite der nach dem Abfall des *n* vocalisch ausgehende Nominativ wirkte, andererseits die im Pāli weiter geführte Stammerweiterung der

Themata auf i durch *n* zur Vermischung beider Stämme beitrug. So bezeichnet auch Kaccāyana beide Themata mit demselben Terminus techn. — Schon im Nominativ Sing. selbst kommt, jedenfalls in einigen Handschriften, eine Kürzung des ī bisweilen vor: seṭṭhĭ (Thema çreṣṭhin) Jāt. 1. p. 120. 122. Im Acc. sind die nach der Analogie der i-Stämme gebildeten Formen nicht selten, obgleich die regelmässigen die häufigeren sind: niggayhavādiṁ (nigrahya + vādin) Dh. v. 76 (Comm.: — vādinaṁ); medhaviṁ Dh. v. 76. 229. 403; cirappavāsiṁ (Thema pravāsin) v. 219; anokasāriṁ v. 404 (Comm.: anālayacārinaṁ). V. 227, wo zwar der Text mitabhāṇinaṁ hat, nöthigt das Metrum -bhāṇiṁ anzunehmen.

Dem entsprechend finden wir neben dem am häufigsten vorkommenden regelmässigen Gen. Sing. (wo freilich auch die i-Stämme durch die Erweiterung mit *n* die gleiche Form erlangt haben) auch, wie bei den i-Stämmen, die Endung der a-Flexion angewendet: abhivādanasīlissa (çīlin) Dh. v. 109; musāvādissa v. 176 (Comm.: vādino) von mṛṣā + vādin; anupassissa v. 253 (wie von einem anupaçyin) vom Praes paçyati; cfr. Bildungen im Sanskr. wie paçyanā (das Sehen.); gihissa (gṛhin) Dh. p. 288; seṭṭhissa Jāt. 1. p. 120. Sen. 257; hatthissa (hastin) Dh. p. 417. Ebenso hat der Locativ Sing. neben Formen wie daṇḍini, bhogini (Sen. 300) auch die Endung der i-Stämme: daṇḍismiṁ (Sen. 253); hatthimhi Dh. p. 417. Auch im Vocativ folgen diere Themata den i-Stämmen: daṇḍi, wie muni. (Sen. 308). Im Nom. Plur. kommt im Dh. einmal vor: gihī (gṛhin) v. 74, wie munī.

Indem von den Themata auf -mant und -vant im Nom. Sing. das *n* im Pāli wegfiel, kam die Nominativform gewissermaassen in gleiche Reihe mit der der Themata auf an, und die gleiche Wirkung derselben var somit gegeben: Accusativ und Genitiv Sing. Masc.: satimaṁ, satimassa (smṛtimant); bandhumaṁ, bhandumassa (Sen. 245). Vocativ Masc. guṇavā (261). Nom. Neutr. guṇavaṁ, rucimaṁ pupphaṁ (260). Demgemäss auch in Compp.: balavāsoko Jāt. 1. p. 112.

Die Themata auf as bieten uns ein handgreifliches Beispiel,

wie das Sprachgefühl durch lautliche Gleichheit getäuscht wird. Da das auslautende as sich in *o* umwandeln musste, lag es sehr nahe, diese Themata als Masculina der a-Decl. zu fassen. Indem also neben dem Thema auf as ein a-Stamm entstand, und zwar, weil die sonst masculine Endung *o* getäuscht hatte, ein masculiner, ist es, da der neutrale Begriff bei diesen Wörtern doch überwiegend war, leicht begreiflich, dass den Masculinis auf *o* wieder Neutra auf aṁ nachgebildet wurden. Im Dh. kommt nur ein solches Neutr. vor: manaṁ v. 96, sonst aber sind sie nicht ungewöhnlich. Dh. v. 24: yaso (ob Masc. oder Neutr. ist nicht zu ersehen); F. Jāt. 10: Instr. yasena; rajo ist Masc. Dh. v. 124; Acc. rajaṁ v. 313, Instr. rajena, Gen. Dat. rajassa; hier konnte freilich der sanskr. a-Stamm raja vorliegen, aber im Comp. rajovajallaṁ Dh. v. 141 (rajo + avajallnṁ) ist der Stamm rajas vorhanden; tapo ist Masc. Dh. v. 194: tapo sukho (aber Neutr. v. 184), Instr. tapena (Sen. 283). In Compp. kommt tapa- vor, z. B. tapacaranaṁ Dh. p. 261, neben tapas in: tapovanaṁ p. 411; siraṁ (Acc.) Mah. 4, Loc. sire Ab. 1046 und sirasmiṁ Jāt. 1. p. 137. 138; vayo Masc. Dh. v. 260: paripakko vayo, Gen. Plur.: vayānaṁ Jāt. 1. p. 138, Loc. Plur.: vayesu Dh. p. 404; soto Dh. v. 383 (ob Masc. oder Neutr. lässt sich nicht sehen). (Sanskr. srotas). Nom. Plur. sotā Dh. v. 340, p. 410, Acc. Sing. sotaṁ v. 383. Von soto = çrotas kommt vor Instr. sotena v. 360, Acc. sotaṁ Jāt. 1. 108, Nom. Plur. sotā Das. Jāt. 32. Vom Thema tejas: suriyatejena und Acc. tejaṁ Dh. p. 425 u. a. m.

Vom Thema candramas haben wir das Comp. candimăsuriye (Acc. Plur.) Dh. v. 367; hierbei ist indessen zu erinnern, dass ein langer Vocal nicht selten in Comp. gekürzt wird.

Adjective dieses Art sind z. B.: Acc. sumedhaṁ Dh. v. 208, Vocativ dummedha v. 394; Nom. Plur. sumanā.

Auch bei diesen Stammen kann zu der Verwechselung das Vorhandensein von Doppelformen im Sanskr. wie rajas und raja, çrotas und çrotra, srotas und srota (am Ende v. Compp.) etc. mitgewirkt haben.

In dem Nom. Plur. mahā Ab. 413 sieht Childers die vedische Form, z. B.: iti yāyā mahā ime; es könnte jedoch die Form auf falscher Analogie beruhen und vom Nom. Sing. mahā ausgegangen sein, wie der Gen. satimassa von dem Nom. satimā.

Auch die weiblichen Themata auf ar bieten einige solche Formen; hier lag dieser Vorgang um so näher, als die Nominative mātā, dhītā nicht nur an vocalische Stämme erinnerten, sondern mit den Nominativen der weiblichen Themata auf a völlig gleichlautend waren. Solche Formen sind: Gen. Plur.: matānaṁ, dhītānam (Sen. 291), Gen. Sing. dhītāya Dh. p. 237, Instr. Plur. dhitāhi Dh. p. 164, Gen. Plur.: dhītānaṁ p. 238, Vocativ Sing.: devadhīte p. 364; bei dieser letzen Form mag auch der Umstand mitgewirkt haben, dass die a-Stämme am Ende eines Comp. beliebter sind. So kommt wirklich auch im Sanskrit die Form mātā am Ende eines Comp. vor.

Einen Vocativ satthā führt Kacc. (Sen. 308) an neben satthā vom Nom. satthā (sanskr. Thema çāstar). Dem entsprechend findet sich ein Dativ: satthāya Dh. p. 87.

b. Durch Erweiterung.

Die meisten einsilbigen consonantischen Stämme treten in Pāli durch Stammerweiterung in die vocalische Flexion über; schon im Sanskr. bestehen ja vielfach daneben vocalische Stämme, wie: kṣudh, kshudhā; vāc, vācā; diç, diçā etc.; im Pāli bleiben in solchen Fällen die letzteren: khudā, vācā, disā etc., und andere bilden sich danach.

Ebenso bei den mehrsilbigen, wo auch im Sanskr. zuweilen Doppelformen sich finden, wie: suhṛd, suhṛda; dvipad, dvipada; harit, harita etc., z. B. dipado Dh. v. 273 = dvipad; bhūbhujo Ab. 334 = bhūbhuj. Durch gleiche Erweiterung sind aus den defecten Stämme yakan und çakan (Nom. yakṛt çakṛt) die Formen yakanaṁ und chakanaṁ (neben chakaṁ) entstanden.

Es zeigt aber auch das Pāli in dieser Beziehung ein Analogon zu den romanischen Sprachen, indem zuweilen das aus dem Substantivum gebildete Adjectiv an die Stelle desselben tritt, wie sārado Dh. v. 149 statt çarad, suhajjo v. 219 statt suhṛd (cfr. S. hṛdya).

Bei den Participiis praes. auf -ant hat die zunächst durch die Unbequemlichkeit in der Anfügung consonantisch anfangender Endungen hervorgerufene Weiterbildung immer weiter um sich gegriffen; es musste ja auch in der Sprache die Neigung sich geltend machen, die entstandene Mannigfaltigkeit wieder zu vereinfachen; auch waren die Formen nach der a-Flexion bequemer und besonders deutlicher. Während in einigen Casus die consonantische Flexion noch erhalten ist, kann also das Thema daneben ganz und gar der a-Decl. folgen. Diese Weiterbildung ist so zu verstehen, dass aus einem obliquen Casus und zwar zunächst aus dem Accusativ Sing., wo der volle Stamm auftritt, sich ein neues Thema entwickelte. Es bietet dieser Vorgang ziemliche Achnlichkeit mit der Behandlung der Participialform im Gothischen.

Die Nominative Sing. auf -anto kommen im Dh. nur dreimal vor: jhāyanto v. 27; gavesanto v. 153; viheṭhayanto v. 184; in späteren Texten sind sie dagegen die häufigeren. So auch im Goth. z B. nasjands wie fisks. — Dh. v. 73 findet sich die merkwürdige Form: asataṁ (Acc. Sing. Neutr.: asataṁ bhāvanaṁ), wo das sanskr. sat also in derselben Weise erweitert worden ist, wie bhūbhujo aus bhūbhuj entstand.

Im Gen. Sing. hat das Dh. nur die ältere Form; im Comm. desselben dagegen sind häufig Formen wie: abhikkamantassa, S. 201; ajānantassa; jaggantassa p. 201 (das avijānato und jāgarato des Dh. v. 38. 39. wiedergebend); karontassa p. 151 (Praes. karoti); dentassa p. 294 (Praes. deti = dadāti); ārabhantassa p. 289, apassantassa p. 289 und jānantassa p. 425 geben das ārabhato v. 112, passato v. 113 und jānato v. 384 wieder. — Ganz ebenso bildet das Goth. nasjandis wie fiskis.

Im Locativ Sing. kommt fast nur die Form nach der a-Flexion vor, z. B.: evaṁ sante Dh. p. 84. Jāt. 1. 134; asante

Dh. p. 352; anāgacchante p. 352; osajjante (ava-sṛj) Jāt. 1. 108; ebenso ist die erweiterte Bildung häufig im Instr.

Im Nom. Plur. hat das Dh. nur einmal karontā v. 66; in späteren Texten sind solche Formen die weit häufigeren; im Acc. Plur. sind die Formen auf *e* allein gebräuchlich, z. B. samatikkante Dh. v. 196; arahante Dh. p. 240; sante Ten. Jāt. 119 etc. Im Instr. und Locativ Plur. sind die erweiterten Formen aus lautlichen Gründen nothwendig verlangt; auch im Gen. Plur. werden sie allmählig vorherrschend, z. B.: ajānantānaṁ, asakkontanaṁ Dh p. 257. Vergleich gothisch nasjandam, nasjande.

Mahat bildet gewöhnlich Nom. Sing. mahanto, z. B. Dh. p. 232; Neutr. mahantaṁ p. 271. Jāt. 1. 126. 141; Instr. mahantena Dh. p. 204. Jāt. 1. 147; Loc. mahantamhi Mah. 47; Plur. Nom. Masc. mahantā. Das. Jāt. 7; Acc. mahante Dh. p. 210. Neutr. mahantāni Dh. p. 195. Auch in Compp. kommt der erweiterte Stamm vor: mahantabhāvo Dh. p. 410.

Von den Stämmen auf -mant und -vant scheint ausser der Form: himavanto (Dh. v. 304 und sonst häufig) der Nominativ Sing. auf -anto nicht vorzukommen. Instr. Loc.: guṇavantena, guṇavantasmiṁ. Sen. 262; Nom. Plur. guṇavantā; Acc. guṇavante (Sen. 245); Gen. Plur. sīlavantānaṁ Dh. p. 254 (das sīlavataṁ des Dh. v. 56 wiedergebend. Ebenso im Comm. des Jāt. 1. 144. sīlavantānaṁ gegen sīlavataṁ im Texte); Instr. Loc. guṇavantehi, guṇavantesu (Sen. 245).

Unter dem Einflusse aller diesen Formen dringt der volle Stamm auch in das Fem. ein; dasselbe findet bei den Participiis praes. statt: guṇavantī, satimantī, mahantī neben den ursprünglichen Bildungen: guṇavatī, satimatī, mahatī (Sen. 306); karontī Dh. p. 246 etc.

Auch bei anderen Consonantstämmen, wo keine lautlichen Schwierigkeiten diese Weiterbildung fördern, kommen einige solche Formen vor, in Folge von Uebergreifen der a-Stämme und Weiterführung des einmal begonnenen Vorganges. So führt Kacc. von einem Thema auf an die Formen an: attanehi, attanebhi (Sen. 295). Hier ist nicht der Accusativ maassgebend gewesen, sondern die schwächere Stammform. Bei dem Thema yuvan dagegen geht eine neue Flexion von der stärksten Stammform oder vom Accusativ Sing. aus: Nom. Sing. yuvāno, Plur. Nom. yuvānā, Acc. yuvāne; ebenso Nom. Sing. maghavāno, Plur. Nom. maghavānā, Acc. maghavāne (Sen. 273). Das Thema puṁs bildet aus der stärksten Stammform Nom. Sing. pumāno, Loc. pumāne, Instr. pl. pumānebhi (Sen. 272. 273). Nom. Sing. svāno, suvāno (die Lautspaltung wie in tuvaṁ neben tvaṁ) geht dagegen auf S. çvāna (Nebenform zu çvan) zurück.

Andererseits bilden auch die schwächsten Casus ein neues Thema: Nom. Sing. yūno, wenn diese Masculinform nicht nach der Analogie des sanskr. Fem. yūnī gebildet ist. Der Nom. Sing. sūno beruht, da auch eine Form soṇo vorkommt, wohl nur auf lautlicher Umgestaltung der Form svāna. Ebenso entspricht suṇo der sanskr. Nebenform çuna (Sen. 529).

Auch die Themata auf -ar bieten folgende hieher gehörige Formen: Gen. Plur. pitarānaṁ, bhātarānaṁ, mātarānaṁ (Sen. 290), aus Formen wie Acc. pitaraṁ weiter gebildet; Instr. Plur. pitarehi bhātarehi, mātarehi (ibid); in der letzen Form und in mātaresu muss die sonstige Gleichheit dieser Wörter die dem Fem. nicht angehörige Veränderung von a in e herbeigeführt haben.

Eine Weiterbildung eines Thema auf as hat stattgefunden im Adject. sumedhaso Dh. v. 29.

Die von Kacc. als Ablative angeführten Formen: attanā, bhātarā und sogar: agginā, bhikkhunā, sayambhunā (Sen. 296. 316) sind wohl bei der nahen Berührung des Abl. und des Instr. weiter nichts als Instrumentale.

c. Durch lautliche Umgestaltung des Stammauslautes.

Während in den bisher erwähnten Umbildungen ein gewisser Casus, von den Umständen gefördert, ein neues Thema ergab, kann andererseits in einigen Fällen der Stamm selbst durch gewisse dem Pāli eigenthümliche lautliche Modificationen in eine andere Flexion hinübergezogen werden. Dies macht sich besonders geltend bei den Themata auf -ar, wo die Stammsilbe ar im Sanskr. in gewissen Casus zu dem ṛ-Vocal abgeschwächt worden war. Dieser Vocal spaltet sich im Pāli am häufigsten in *i* und *u*, und demgemäss tritt das Thema in den betreffenden Casus in die i- oder u-Flexion über. Zunächst in Compp. kommen neben einander vor: piti- und pitu-, māti- und mātu-: pitiputtamaraṇaṁ Das. Jāt. 10, pitigottaṁ (gotra) Dh. p. 218; pītipakkhato (pakṣa) Dh. p. 78 ist wohl fehlerhaft für: piti; pitusoko Das. Jāt. 1. — mātigottaṁ Dh. p. 218, mātipakkhato Dh. p. 78; in mattisambhavo Dh. v. 396 ist die Länge des Vocals durch Doppelconsonant ersetzt, wie auch in den Adjectiven: mattiko, mattiyo; mātugāmo (grāma) Dh. p. 188, mātujo und das Adj. mātuko Mah. 259.

Das als Stamm auftretende pitu bildet folgende Formen: Gen. Plur. pitunnaṁ Dh. p. 153, F. Jāt. 9, Jāt. 1. 144 aus pitūnaṁ, wie bahunnaṁ aus bahūnaṁ; daneben auch: pitūnaṁ (Sen. 290); Loc. Plur. pitūsu, pitusu, z. B. Dh. p. 110, wie bhikkhūsu, bhikkhusu, und Gen. Sing. pituno, pitussa (Sen. 292) wie bhikkhuno, bhikkhussa. Ebenso von bhātu: Gen. Sing. bhātuno, bhātussa (Sen. 292); Gen. Plur. bhātūnaṁ (ibid., Mah. 128); vom Nom. satthā: Gen. Sing. satthuno, satthussa (Sen. 292). Von dem i-Stamme wiederum sind die Ablative pitito, bhātito (Sen. 294) gebildet.

Noch durchgehender ist diese Erscheinung bei dem Thema mātar. Vom i-Stamme sind folgende Formen gebildet: Instr. Gen. Dat. Sing. mātyā; Loc. Sing. mātyā, mātyaṁ; Abl. mātito Sen. 294.

Von dem u-Stamme andererseits: Instr. Gen. Dat. Sing. mātuyā; Loc. Sing. mātuyā, mātuyaṁ; Gen. Plur. mātūnaṁ Sen. 290; Instr. Plur. mātūhi; Loc. mātūsu.

Wenn Kacc. (Sen. 290) auch den Genitiv Sing. matussa mit masculiner Flexion anführt, so ist dieser wohl nur als am Ende eines Bahuvrīhi vorkommend zu betrachten.

Ebenso Abl. duhitito Sen. 294, und vom u-Stamme: Instr. dhītuyā Mah. 54; Gen. Plur. dhītūnaṁ.

Auch einige der Themata auf -an erhalten dadurch, dass im Stammauslaute das *a* sich in gewissen Casus zu *u* abschwächt, das Aussehen von u-Stämmen. Ein solcher Uebergang von *a* in *u*, welcher auch dem Sanskr. nicht ganz fremd ist (cfr. ku neben ka, z. B. kutas, kadā etc.), kommt im Pāli nicht so selten vor, z. B.: puthu, S. pṛthak, anutthunati von der W. stan mit anu, munāti von der W. man etc.

Solche Formen sind: Gen. Plur. rājūnaṁ, von rājā, Instr. Plur. rājūhi, rājūbhi, Loc. rājūsu (Sen. 278); rājūnaṁ z. B. F. Jāt. 6, rājūhi Pāt. 78, rājūsu Ten. Jāt. 108. Ferner: brahmunā (Instr.) Dh. v. 105. 230, kammunā; Gen. brahmuno, kammunā; thāmuno, thāmunā vom skr. sthāman und in Analogie damit pumuno pumunā (von puṁs) Sen. 273.

Die Formen: Gen. Sing. rājino (Sen. 265. Mah. 54), Loc. Sing. rājini (Sen. 265) sehen aus, als ob sie aus einem i-Stamm hervorgeganzen wären. Statt einen Uebergang von *a* in *i*, obgleich ein solcher nicht unerhört ist (cfr. candim'ā sanskr. candramās), anzunehmen, betrachtet man vielleicht besser das *i* als einen anaptyktischen Vocal, der sich zwischen den Consonanten entwickelt hat wie in vajiraṁ = vajra; es wäre denn aus rajñas einerseits durch Assimilation raññо, andererseits, indem die Consonanten durch den inzwischen entstandenen Vocal getrennt wurden, rājino geworden. Ebenso hätte man im Loc. die beiden Sanskritformen: rājani gleichlautend und rājñi von rājini vertreten.

---

5. Weitere Wirkungen der Analogie.

Im Folgenden stellen wir eine Anzahl von Nachbildungen zusammen, die hauptsächlich durch das Uebergreifen der häufigeren Vorkommnisse entstanden, ohne dass lautliche Conflicte das Bestehen des ursprünglichen Verhältnisses erschwerten. In einigen Fällen, wenn eine seltenere und deshalb weniger ausdrucksvolle Endung einer geläufigeren gewichen, hat wohl auch das Streben nach Deutlichkeit sich geltend gemacht.

1. Zusammenfallen verwandter Stämme.

Die masculinen Themata auf ū, deren Bereich schon im Sanskr. sehr gering war, konnten sich um so leichter denjenigen auf ŭ anschliessen, als der lange Vocal etwas dem Masculinum fremdes an sich hat. Nur im Nom. Sing. und zum Theil im Nom. Plur. haben sich, wie schon gesehen, die ursprünglichen Formen erhalten.

Um so merkwürdiger ist es, dass die Zahl dieser Stämme dadurch vermehrt ist, dass einige ursprünglich auf *a* ausgehende Wurzelwörter der Analogie von abhibhū etc. folgen und auf ū auslauten, wie viññū (vi + jñā, sanskr. vijña) Dh. v. 64; akataññū (akṛta + jñā) v. 98. 383; addhagū (sanskr. adhvaga v. adhvan und gā) v. 302; pāragū v. 384. 348, daneben pārago Mah. 10; atigo Dh. v. 368. In vidū v. 353 (sanskr. vidu) entstand das ū, indem das Wort, als wenn es ein Wurzelwort wäre, sich den oben erwähnten zugesellte und mit diesen wie in gleicher Reihe stehend betrachtet wurde.

Bei den Femininis auf ĭ, ī und ŭ, ū, war die Vermischung leicht erklärlich, sowohl aus lautlichen Gründen, weil in einigen Formen der Unterschied nach den Lautgesetzen des Pāli aufgehoben werden musste, wie z. B. die Accusativformen des Sing. matim und nadīm im Pāli zu matiṁ, nadiṁ werden, als auch wegen der weit grösseren Zahl der Themata mit langem Vocal, bei welchen auch der feminine Begriff deutlicher hervortrat. So findet schon im Nom. Sing. bisweilen Verwechselung statt, indem die Themata auf ĭ, freilich meistens wo es das Metrum fordert, ihren Vocal verlängern: guttī v. 375 (gupti); tūṭṭhī v. 331. 375 (tuṣṭi); khantī v. 184 (kṣānti); gatī v. 310. 354; chattiṁsatī v. 339 (triṁçati). Was rattī Dh. v. so betrifft, so ist auch im Skr. die ältere Form rātrī. In den obliquen Casus des Sing. haben die Themata auf ĭ und ŭ ihre masculine Flexion gänzlich aufgegeben: Abl. ratiyā Dh. v. 214 (sanskr. ratyās), Dat. visuddhiyā v. 274. 277, Loc. bhūmiyaṁ Dh. p. 107, yoniyaṁ p. 191. Auch im Plur. sind die Stämme auf ī maassgebend gewesen; so bildet

z. B. gatī Nom. Plur. gatiyo, Dh. p. 282, gegen sanskr. gatayas; yoniyo Dh. p. 282; iddhiyo (Acc.) p. 299 (ṛddhi). Ebenso wird in Instr. und Loc. Plur. der Endvocal der ĭ- und ŭ-Stämme gedehnt (Sen. 243) z. B. aṅgulīhi Dh. v. 246 vom s. aṅgulī.

Umgekehrt kann auch gelegentlich ein ī-Stamm verkürzt werden; so findet sich Nom. Sing. itthī (strī) z. B. Dh. p. 178. 205. 284. 334, wohl weil das Wort durch den vorgeschlagenen Vocal zweisilbig wurde; ebenso Loc. Plur. nārīsu Dh. v. 284 (v. nārī), wo das Metrum eine Kürze braucht; hier hat die Analogie der Masculina gewirkt, bei denen in Instr. Loc. Plur. die Quantität schwankt.

Von den zahlreichen i-Stämmen wiederum wurden die Themata auf ū und ŭ beinflusst, indem in denjenigen Casus, wo die Endung vocalisch anfängt, die ganze Endsilbe jener Themata auf diese übertragen wurde, wobei sie ein ihnen ganz fremdes Element, das y, annahmen: Instr. Sing. vadhuyā, dhenuyā; Gen. Dat. vadhuyā, dhenuyā (Sen. 255); Loc. vadhuyā, vadhuyaṁ, dhenuyā, dhenuyaṁ (Sen. 296); Nom. Plur. vadhuyo (Sen. 257); dhenuyo Dh. p. 237. Aenliche Analogiebildung zeigt das Skr. in der Flexion von amu: amuyā wie anayā; auch yūyam wie vayam.

Ob die Stämme auf ū und die denselben folgenden auf ŭ im Nom. Plur. jemals die ursprüngliche Endung zulassen, ist mir nicht ganz klar. Von Kacc. wird keine solche Form angeführt, aber bisweilen, jedenfalls in einigen Handschriften, scheinen doch solche vorzukommen, z. B. Dh. p. 237 dhenuvo (von Fausböll zu dhenuyo corrigirt; daneben findet sich auf derselben Seite dhenuyo), Sanskr. Thema dhenu. Diese Form würde mit gatiyo ganz in gleicher Reihe stehen: das Thema dhenu hätte die Endung der langen u-Stämme angenommen (skr. vadhvas), und vor dem *v* hätte sich ein *u* entwickelt wie vor dem *y* in gatiyo ein *i*. Aber von Kaccāyana wird keine solche Form aufgeführt.

Diese als Casusendung gefasste Silbe yo bekommt dann eine weitere Verbreitung: so bilden die Stämme auf ā bisweilen einen Nom. Plur. auf -āyo wie kaññāyo (Sen. 257), wo also an das

Thema kaññā die Silbe yo angefügt wird. Solche Formen kommen nicht selten vor im Dh.

2. Assimilation der Formen in der Flexion eines Themas.

Dies findet besonders in Betreff der in gewissen Casus verschiedenen Quantität des Stammauslautes statt, indem die kleineren Unterschiede durch das Streben nach Vereinfachung der Formen sich im Laufe der Zeit ausglichen.

Was zunächst die eigenthümliche Form des Instr. Sing. bei den wieblichen Stämmen auf a, wie paññāya Dh. v. 59, vācāya v. 232 (sanskr. prajñayā, vācayā) betrifft, so ist wohl hier die Länge von den übrigen Casus hineingekommen; da bei den i- und u-Stämmen nach Abfall des Endconsonanten die Casus des Sing. ausser Nom. Acc. gleich lauten mussten (z. B. von mati Gen. Dat. Instr. Loc. matyā), so brachte das Streben nach Einheit in der Bildung auch bei den Stämmen auf *a* diesen kleineren Unterschied allmählich zum Schwinden. Demgemäss ist auch die Endsilbe gekürzt worden, wie bei dem Genitiv und Locativ.

Die Masculina und Neutra auf *i* und *u* dehnen gewöhnlich ihren Stammvocal im Instr. und Loc. Plur.: aggīhi, aggīsu; bhikkhūhi, bhikkhūsu (Sen. 243). Dies wird so aufzufassen sein, dass die regelrechte Länge des Gen. Plur. die anderen Casus beeinflusst hat, wie wir umgekehrt nach der Analogie der seltener vorkommenden Formen wie bhikkhūsu, pāṇībhi sogar Genitivformen mit gekürztem Vocal finden, wie jantūnaṁ Ten. Jāt. 91, paṭisanthāravuttīnaṁ (vṛtti) Dh. p. 146.

Auch bei anderen Themata kommen dergleichen Nachgestaltungen vor, so lautet von den Themata auf ar der Instr. Sing.: pitarā, dhītarā, mātarā, bhātarā etc. (Sen. 293), im Gegensatz zum sanskr. pitrā etc.; diese Form richtete sich also nach den übrigen Casus, wie Loc. pitari, Acc. pitaram. Ebenso von dem Stamm mūrdhan, wo allerdings das Skr. für den Loc. Sing. die Doppelformen mūrdhani und mūrdhni hat, Instr. muddhanā Mah. 117, gegen sanskr. mūrdhnā, sich dem Gen. muddhano, als auch Formen der übrigen Themata, wie brahmaṇā, brahmani, anschliessend.

Die Stämme yuvan und maghavan bilden Instr. Sing.: yuvānā, maghavānā, Loc. Plur.: yuvāsu, maghavāsu (Sen. 274), gegen sanskr. yuvanā, yuvasu etc., indem diese Casusformen sich nach denjenigen richteten, in denen die stärkste Stammform auftritt. Der Analogie dieser Stämme folgt wie auch sonst der Stamm puṁs: Instr. pumānā (und pumunā), Loc. Plur. pumāsu (Sen. 274. 273).

Der ursprüngliche Genitiv auf ēs und ōs bei den masculinen Themata auf i und o ging im Pāli gänzlich verloren; ein neuer Gen. bildete sich denn nach dem Instr. Sing. und nach dem Gen. Neutr. durch die hier stattfindende Stammerweiterung mit *n*, z. B.: maccuno (mṛtyu) Dh. v. 21. 129; lahuno (laghu) v. 35; jantuno v. 105; bhikkhuno v. 373. 375; sayambhuno (v. svayambhū) Sen. 257, indem die langen ū-Stämme mit den kurzen zusammenfallen. Bei den i-Stämmen wirkte auch die Analogie der mit diesen verwechselten Themata auf in: tādino Dh. v. 94 (Nom. tādī = skr. tādṛç); aggino Sen. 257.

Endlich mögen hier gewisse Stammveränderungen bei den Pronomen erwähnt werden. So wird aus dem sanskr. Nom. Plur. vayam im Pāli mayaṁ (eine Ausnahme ist angeführt oben, S. 15), weil das *m* wegen der vielen damit anfangenden Formen sich bestimmter als der 1sten Person angehörig geltend machte. In derselben Weise dringt das *t* der zweiten Person in alle Formen des Plur. hinein, indem es einfach an die Stelle des ursprünglichen *y* tritt; so wird z. B. aus dem sanskr. yuṣmān im Pāli tumhe (wie ye sowohl Nom. als Acc.) aus *tusme, aus yuṣmākaṁ tumhākaṁ etc.

Der Pronominalstamm ima (imi) hat im Pāli eine weit grössere Ausdehnung gefunden als im Sanskr., was indessen nicht nothwendig eine Folge späteren Uebergreifens ist. Denn das im Sanskr. ganz willkührlich geregelte Verhältniss der verschiedenen Stämme bei diesem Pronomen ist gewiss nicht von Anfang an geboten, und die ursprünglich vollständige Flexion dieses Themas könnte sehr wohl der Volkssprache geblieben sein, während das Sanskrit nur einzelne Reste bewahrte.

Solche Formen sind: Masc. Neutr.: Instr. Sing. iminā (vom Stamme imi) Sen. 279. Dh. 329 (neben anena); Abl. imasmā, imamhā (neben asmā) Sen. 249. 281; Gen. imassa (neben assa) 281. Dh. p. 85; Loc. imasmiṁ, imamhi (neben asmiṁ) Sen. 249. 281. Dh. p. 199; Neutr. Nom. Acc. Sing. imaṁ (neben idaṁ) Sen. 262. Dh. p. 247; Plur. Instr. imehi, imebhi (neben ehi) Sen. 279; Genitiv: imesaṁ (neben esaṁ) 279. Dh. p. 241; Loc. imesu (neben esu) 279. Dh. p. 306. Fem. Instr. imāya (allein gebräuchlich); Gen. imissā Sen. 282. Dh. p. 315 (entweder wie iminā vom Stamme imi oder wie tissā mit einem von dem ursprünglichen *y* bewirkten Uebergang von *a* in *i*), imāya Sen. 282. Dh. p. 339, neben assā Sen. 281; Loc. imissaṁ, imāyam Sen. 283, neben assaṁ 281. Im Plur. sind die Formen von ima: imāhi, (Instr.) imāsaṁ (Gen.) (und imasānam) Sen. 278, imāsu (Loc.) die allein gebräuchlichen.

Sonderbar ist es, dass die Fem. Form iyam im Pāli verloren ist, statt welcher die Masc. Form ayam gebraucht wird (Sen. 250). Vielleicht ist hier der Umstand, dass die Form asu, das skr. asāu, sowohl Masc. als Fem. ist, von Einfluss gewesen. Bei der ungeregelten Zusammensetzung des Pron. aus verschiedenen Stämmen wäre es auch möglich, dass die Form iyam ursprünglich einigen Dialekten fremd blieb.

Vom Skrt. abweichend ist auch die weite Verbreitung des Pronominalstamms na, welcher, im Sanskr. nur noch in der Zusammensetzung ena (e + na, wie e + tad) vorhanden, gewiss ursprünglich als selbständiges Pronomen auftrat. Dieser Stamm kann in allen Casus statt des Pronomen so treten: Sen. 281: nāya (oblique Cas. des Sing. Fem.), naṁ, ne, nesu, namhi, nāhi, nābhi etc. Dass dieser Stamm nicht aus dem Sanskr. ena abgeschwächt ist, zeigt der Umstand, dass auch ena- vorkommt, und zwar noch defectiver als die entsprechende Sanskritform: Acc. enaṁ Dh. v. 313. Das. Jāt. 6, Instr. enena. Dass Bopp (Vergl. Gramm. II, 177) mit Recht das griech. νίν vergleicht, wage ich nicht zu behaupten; eine Stütze für diese Annahme bietet jedoch das Vorkommen des Stammes na als selbständiges Pronomen im Pāli.

3. Unächte Endungen.

a. Bei dem Nomen.

Unächt nenne ich solche Endungen, welche, einem Thema ursprünglich völlig fremd, sich aus einer anderen Flexion auf dasselbe verbreitet haben. So drängen sich bisweilen entweder vollständige Endungen der a-Stämme in andere Flexion hinein, oder die übrigen Stämme nehmen in der Bildung gewisser Casusformen gewissermaassen die Themata auf a zum Muster. Dies ist wohl eine Folge sowohl der Geläufigkeit als auch zum Theil der grösseren Deutlichkeit dieser Endungen. Der Genitiv aggino z. B. hat seine Endung auch mit anderen Casus gemeinsam, wie daṇḍino Nom. Acc. Plur.; aggissa dagegen bezeichnet so zu sagen den Genitiv nachdrücklicher.

1. Die masculinen i- und u-Stämme und die als i-Stämme behandelten Themata auf in nehmen im Gen. Sing. häufig die Endung der a-Stämme an; so schon im Dh.: abhivādanasīlissa (çīlin) v. 109; musāvādissa v. 176; Sen. 229: aggissa, sakhissa, daṇḍissa; bhikkhussa, sayambhussa. Ebenso die Themata auf ar, die, wie wir oben (S. 33) gesehen haben, in einigen Casus zu u-Stämmen werden: satthussa, pitussa, bhātussa, kattussa (kartar) Sen. 290; daselbst wird auch als Beispiel angeführt: mātussa, eine Form die ich in keinen Texten gefunden habe (cfr. S. 33).

2. Auf einer ähnlichen Einwirkung der a-Stämme beruht der bei den Neutris auf *i* und *u* auftretende Anusvara. Merkwürdig ist es, dass die Neutra auf i und zum Theil auch die auf *u* hier ihren Accusativ vom Nominativ trennen; das ṁ hat sich so bestimmt als Zeichen des Accusativ geltend gemacht, dass es sich am Ende auch den Neutris aufdrang, ein Beispiel wie stark die Sprache nach Einheit strebt; so haben wir Das. Jāt. 5, 12 den

Acc. aṭṭhiṁ (asthi) und den Nom. aṭṭhi. Die u-Stämme kennen in dieser Beziehung keine Regel, doch hat der Acc. gewöhnlich den Anusvara. Nominativ ist z. B.: bahuṁ Dh. v. 53. Das. Jāt. 13, sādhuṁ Dh. v. 162. Accusativ: dāruṁ Dh. v. 50; āyuṁ (v. āyu = skr. āyus) v. 135, bahuṁ v. 188, aber daneben bahu bhāsati v. 258; lahuṁ (adv.) v. 369; cakkhuṁ Dh. p. 87 (als Nom. findet sich auch cakkhuṁ neben cakkhu); dhanuṁ Jāt. 1. 129. etc.

3. Die Masculina und Feminina auf *i* und *u* bilden sehr häufig ihren Nom. Acc. Plur. durch Verlängerung des Stammvocales; diese Form scheint mir auf dem Einflusse der a-Stämme zu beruhen, indem durch die Analogie dieser Stämme der Länge des Vocals als Zeichen des Plur. betrachtet wurde. Man könnte zwar Formen wie vedisch devīs (sowohl Nom. als Acc.) vergleichen, aber dadurch wäre jedenfalls nur für die Feminina eine Erklärung versucht; die Masculina, welche gerade am häufigsten diese Pluralbildung zeigen, könnten unmöglich in solchem Umfang eine feminine Endung angenommen haben. Dagegen kann die Länge des Vocals in den ursprünglichen Accusativformen mitgewirkt haben, ohne dass die Bildung gerade aus dem Accusativ hervorgegangen ist. Beispiel solcher Pluralformen sind: gihī Dh. v. 74 (St. gṛhin); viññū v. 229; Kacc. Sen. 243: aggī, bhikkhū, sayambhū; Acc.: bahū Dh. v. 33, viññū v. 65, bhikkhū Dh. p. 87. Fem.: rattī, itthī, vadhū, yāgū Sen. 243.

b. Bei dem Pronomen.

1. In den Formen: amhehi, tumhehi, amhesu, tumhesu, gegen sanskr. asmābhis, yuṣmābhis, asmāsu, yuṣmāsu, sind die persönlichen Pronomen in gleiche Reihe mit den übrigen (z. B. tehi, tesu etc.) gestellt.

Ebenso sind wohl die Formen amhe (Acc.) gegen Sanskr. asmān und tumhe (Nom. und Acc.) den entsprechenden Formen der übrigen Pronomen, wie ye, te etc., nachgebildet. Es ist eine eigenthumliche Laune der Sprache, dass nur im Pronomen der 1sten Person die Form mayaṁ sich als Nominativ behauptet (amhe als Nominativ lässt sich nicht nachweisen, obgleich Kacc. (Sen. 276) eine solche Regel giebt), während bei allen anderen Pronomen zwischen Nominativ und Acc. Plur. kein Unterschied gemacht wird; wie wenig diese Casus aus einander gehalten werden, zeigt sich darin, dass die Formen no und vo, welche im Sanskr. als Accusative angewendet werden, im Pāli auch, wie es nach dem Schol. zu Kacc. (Sen. 270) scheint, als Nominative vorkommen können: gāmaṁ no gaccheyyāma. Da die Accusativform tumhe ebenso gut Nominativ ist, war es jedenfalls natürlich das ihre Nebenform vo die gleiche Behandlung erfuhr, und ebenso natürlich war es, dass no, welches sonst dieselben Functionen hat, ihr hier folgte, obgleich bei dem Pronomen der 1sten Pers. der Nom. Plur. sich vom Acc. trennt.

2. Es lag nahe, dass die an Zahl unterlegenen Pronomina den zahlreichen Nomen gegenüber in vielen Fällen ihre besondere Flexion nicht behaupten konnten, sondern mehrfacher Einwirkung von jenen aus unterlagen.

So ist fast überall die Nominativform sa des Pron. dem. unter der grossen Menge der auf o ausgehenden Nominative gewichen, und die Form so die herrschende geworden; im Dh. kommt, wie schon (S. 15) erwähnt, sa ein paar Mal vor, in den übrigen Texten am häufigsten in der Verbindung: nām' esa Dh. p. 352 und: so pan' esa z. B. Anecd. 15. Ebenso ist statt tad mit wenigen Ausnahmen taṁ eingetreten, und statt yad immer yaṁ.

In Gen. (Dat.) Abl. und Loc. Sing. Fem. sind die Formen tāya, tāyaṁ; yāya, yāyaṁ; imāya, imāyaṁ; ekāya, ekāyaṁ; sabbāya, sabbāyaṁ etc. (Sen. 282) den Nominalformen wie kaññāya, kaññāyaṁ nachgebildet, während daneben auch die ursprünglichen Formen tassā, tassaṁ etc. bestehen. Ebenso hat die Instrumentalform tāya etc. dieselbe Veränderung erlitten wie die entsprechende der Nomina. Im Nom. Acc. Plur. kommt neben tā tāyo vor, neben imā imāyo, wie neben kaññā kaññāyo.

Der Pronominalstamm amu wird fast durchgehend als ein u-Stamm behandelt: Nom. (Acc.) Plur. Masc. amū Sen. 276 (sanskr. amī); Fem. amū, amuyo; Neutr. amū, amūni; Gen. Abl. Fem.

amuyā (neben amussā) Sen. 282; Loc. amuyaṁ (neben amussaṁ) Sen. 283. Demgemäss geht adas in die Form aduṁ über (Sen. 262).

Durch diesen Anschluss an die Nomina entstehen endlich einige interessante Doppelbildungen, indem die fertige Casusform eines Pronomes sich der nominalen Endung anbequemt. Unverkennbar wirkt hier das Prinzip der Deutlichkeit: die halbwegs verdunkelte Pronominalform wird gleichsam aufgefrischt dadurch, dass sie die lebenskräftigere und deshalb ausdrucksvollere Endung des Nomens annimmt.

So wird aus dem Gen. Fem. tassā durch weitere Anfügung der Genitivendung der ā-Stämme: tassāya, aus tissā: tissāya, aus imissā: īmissāya (Sen. 231). Besonders aber macht sich dieser Einfluss der a-Stämme im Gen. Plur. geltend; so entstehen die Formen: sabbesānaṁ, yesānaṁ, tesānaṁ, kesānaṁ, imesānaṁ, amūsānaṁ; Fem.: sabbāsānaṁ, yāsānaṁ, tāsānaṁ, kāsānam, imāsānaṁ (Sen. 278), aus sabbesaṁ, sabbāsaṁ etc.

Eine merkwürdige Doppelbildung anderer Art liegt vor in tasmassa Anecd. 15. Hier ist also noch die Dativform tasmāi zum Theil erhalten, weil aber der Dativ überall mit dem Gen. verschmolzen ist, ist die Genitivendung noch hinten angetreten.

Auf ganz dieselbe Weise wie aus tesaṁ tesānam wird, geht aus der fertigen Genitivform tiṇṇam (vedisch trīṇām) durch Anschluss an die übrigen Zahlwörter (z. B. pañcannaṁ Gen.) tiṇṇannaṁ hervor (Att. 196). Nach der Form tiṇṇaṁ ist wiederum dvinnam, duvinnaṁ (Nom. dve) Sen. 263 gebildet, da die Dualform im Pāli abhanden kam; ebenso: ubhinnaṁ (Nom. ubho) Sen. 263. Der Loc. dagegen geht aus der erstarrten Nominativform hervor: ubhosu z. B. Dh. p. 158, 238, ganz wie ambobus aus ambo.

Auf einer Art von Doppelbildung beruht auch die Form cāpāto Dh. v. 320 (Abl. des skr. cāpa), wo die Adverbialendung -to (tas) dem Abl. capā angefügt worden ist; ein anderes Beispiel ist das von Fausböll angeführte visāsanāto (von skr. viçvāsana).

Zur grösseren Vollständigkeit erwähnen wir endlich zuletzt den merkwürdigen Austausch zwischen Genitiv und Accusativ bei den persönlichen Pronomen im Pāli. So ist amhākaṁ, tumhakaṁ sowohl Gen. als Acc. (Sen. 275). Dieses erklärt sich aus der Bildung dieser Formen. Die sanskr. Genitive asmākam, yuṣmākam sind wohl unzweifelhaft erstarrte Neutra der vedischen possessiven adjective asmāka, yuṣmāka; dass nun andererseits im Pāli das Neutr. der entsprechenden amhāka, tumhāka, indem es gleichsam das eigene Wesen bezeichnete, den possessiven Character verlieren und zur Bezeichnung der Person selbst gelangen konnte, ist ein Vorgang, der in der Bildung der lateinischen Gen. mei, tui etc. ein völliges Analogon hat. Dass nun diese Form eben für den Acc. verwendet wurde, ist wohl eine Folge der Endung aṁ.

Ebenso vertreten die Formen mamaṁ, tavaṁ sowohl den Gen. als den Acc. (Sen. 267); mamaṁ als Acc. Dh. p. 147. Aus den Genitiven mama und tava müssen sich also substantivisirte und später erstarrte Formen entwickelt haben, welche, zuerst wohl nur als possessive Genitive verwendbar, nachher eine ausgedehntere Bedeutung gewannen; und als possessive Genitive mit substantivischer Form konnten sie denn wiederum das eigene Selbst bezeichnen und als Singularformen den pluralen Acc. amhākaṁ, tumhākaṁ entsprechen.

Unerklärlicher sind die von Kacc. (Sen. 275) angeführten Genitive Sing. amhaṁ, tumhaṁ, welche der Form nach den sanskr. Acc. Plur. asmān, yuṣmān vollkommen entsprechen. Unmöglich können sie doch mit diesen Accusativen etwas gemein haben. Wahrscheinlich hat der Gebrauch von asmat und yuṣmat in possessiven Composita zum Entstehen dieser Genitive beigetragen; und in der Endung aṁ haben sich denn diese Formen den Genitiven mayhaṁ, tuyhaṁ angeschlossen. Merkwürdig ist aber das Erscheinen der beiden Pluralstämme im Singularis.

II. Das Verbum.

Das Verbum bietet neben vielen alterthümlichen Formen durch die grössere Mannigfaltigkeit der Bildungen ein noch weiteres Fald für Umgestaltungen als das Nomen; es werden diese auch hier hauptsächlich durch die beiden Neigungen der Sprache herbeigeführt: die Vermeidung harter Formen und das Streben die Mannigfaltigkeit zu vereinfachen. Es liegt ober in dem Unterschiede zwischen Verbalwurzel und Nominalstamm, dass, während z. B. eine Form wie sabbhi (S. sadbhis) in ihrem Zusammenhange fast unerkennbar wird, weil der Character des Stammes in dem verschwundenen Dentalen lag, — die Wurzel dagegen in Formen, wo der Endconsonant derselben durch Assimilation mit einem folgenden Consonanten beeinflusst worden, wie mokkhati (S. mokṣyati), noch immer zu erkennen ist. Deshalb ist Consonantenzusammenstoss hier weniger vermieden als beim Nomen, und sind viele alterthümliche Formen (in den Futuris, Aoristen etc.) erhalten; aber doch hat andererseits auch hier die bequeme vocalische Flexion in dem Maasse die Oberhand gewonnen, dass die consonantische Conjugation fast aufgegeben ist, so wird z. B. aus dogdhi dohati nach der ersten Classe. Das Streben der Sprache die häufigeren Vorkommnisse immer mehr vorwiegen zu lassen und die übrigen Formen nach solchen Mustern zu gestalten hat zu der Durchführung des Praesensstammes durch alle Tempora geführt, und die Sprache ist somit hier in ihrem letzten Stadium angelangt.

Auch hier schicken wir, um das Verhältniss ursprünglicher und neuerer Bildungen einigermaassen zu beleuchten, eine Reihe von regelmässigen Formen voraus. Natürlich beabsichtigen wir nicht ein vollständiges Verzeichniss zu geben, was schon die grosse Menge der Verbalformen verbietet.

I. Dem Sanskrit entsprechende Formen.

a. Personalendungen.

Die Endungen -mi, -si, -ti des Praesens sind überall erhalten: karomi Dh. v. 306, karosi Dh. p. 186, karoti Dh. v. 2.

Die 1ste Pers. Plur. endigt auf -ma, was man nicht als die secundäre Endung ma des Sanskr. betrachten und mit dem griech. -μεν gleichstellen kann; es ist das *s* abgefallen, ohne zuerst mit dem a in *o* contrahirt zu werden, wie in der 2ten Pers. Sing. Aor.: avoca = avocas.

Zweite Pers. Plur. hat die Endung -tha, wie im Sanskr. z. B. karotha Dh. p. 93.

Die 3te Pers. Pl. auf -anti: bhavanti Dh. v. 306.

Für das Præs. Medium stellt Kaccāyana (Sen. 429) folgende Endungen auf: -e, -se, -te, -mhe, -vhe, -ante; die meisten sind aber nur spärlich belegt; am häufigsten ist die 3te Pers. Sing. mit der Endung -te, wie im Sanskr.: kurute Dh. v. 48. 217, labhate v. 131, bhikkhate v. 266, ākirate v. 313; alle vier Formen finden sich im letzten Versfusse, wo eine Länge nöthig ist, (z. B. kurute vasaṁ); jāyate Das. Jāt. 6 steht auch im letzten Versfusse. Andere Beispiele sind: upapajjate Das. Jāt. 36, ādatte Sen. 317, hanute = sanskr. hnute, silāghate (skr. çlāghate) etc. Sen. 327. Ueberhaupt findet sich diese Form häufig bei Kacc.; kurute, kubbate Sen. 463; brūte, Pl. bravante (Child.). Haüfiger ist die Endung -te des Passivs.

Die 1ste Pers. Sing., mit der Endung -e, ist sehr selten, am häufigsten in dem formelhaften maññe, sanskr. manye, z. B. tumhākaṁ gehe (gṛhe) bahū maññe goṇā F. Jāt. 10. Dh. p. 139. 216. 233, neben maññāmi z. B. p. 96. Ferner: jāne (jñā) Mah. 251, brave (Child.) (brū); 2te Pers.: brūse (Child.).

Eine merkwürdige Form ist die 1ste Pers. Plur. ātm. auf -mase die obgleich von Kaccāyana (Sen. 429) als die Endung des Imperativs aufgeführt, doch, wie es scheint, auch im Præs. gebräuchlich ist. Wäre diese Form als eine ursprüngliche zu betrachten, so würde das Pāli sogar auf einer älteren Stufe stehen als das vedische Sanskrit, indem dem activen -masi genau ein mediales -mase entspricht. Da nun aber dieses *-mase schon in uralter Zeit der Form -mahe (zuerst wohl -madhe, einem activischen *-madhi entsprechend) gewichen ist, was auch das griech. -μεθα und das zend. -maidhē beweisen, hat et nicht viele Wahrscheinlichkeit für sich, dass gerade das Pāli die allerursprünglichste, schon seit Jahrtausenden aus den primitiveren Sprachen verschwundene, Form sollte bewahrt haben. Vielmehr könnte man annehmen, dass zu einer Zeit, wo das s der activen Endung -mas noch nicht verklungen war, die mediale Endung sich aus dieser entwickelte, durch einfache Anfügung des medialen *e*. Auf einem solchen Vorgang scheint auch die von Kacc. angeführte Endung -mhe zu beruhen z. B. gacchāmhe Sen. 450, brūmhe (Child.) für *brūsme, Formen, die wohl nur dann erklärlich werden, wenn man annimt, dass sie activischen auf -mha (urspr. sma) nachgebildet seien; wie auch nach Kacc. (Sen. 431) im Aorist der activen Endung -mha im Med. die Endung -mhe entspricht.

Ein *brūmha würde sich dem wirklich vorkommenden dadamha (W. dā), durch Einwirkung von Formen wie amha (von asmi) und den sigmatischen Aoristen entstanden, anschliessen. Ein Zeichen dafür, dass die Endung -mase nicht ursprünglich ist, bietet der Umstand, dass sie sich nicht etwa nur in vereinzelten alten Bildungen findet, sondern auch da eingedrungen ist, wo die secundäre Endung erforderlich wäre (vgl. das secundäre dorische -μες). So ist nach Kacc. die Endung der 1. Pers. Plur. Impf. Med. -mhase. Beispiele hierauf sind: ahuvamhase (für *ahuvasmase) Dh. p. 147, F. Jāt. 13 (an beiden Stellen in einem Verse), aus dem Aor. ahuva (einem *abhuvat entsprechend) mit Weiterführung der sigmatischen Bildung. Ebenso: akaramhase (Aor. d. W. kṛ) F. Jāt. 13.

Im Dh. kommt eine Form auf -mase vor: yamāmase v. 6, Praesens von der W. yam (könnte vielleicht auch Conjunctiv sein, einem *yamāmahai entsprechend); labhāmase Dh. p. 147 (in einem Verse), F. Jāt. 13.

Die Endung -dhve der 2ten Pers. Plur. ist noch in einer vereinzelten Form zu erkennen: brūvhe (Child. ohne Angabe von Belegstellen), welche mit der gewöhnlichen Metathesis des *h* aus *brūhve entstanden ist; von dem dh ist nur die Aspiration übrig geblieben.

Ganz entschieden hat das Pāli eine vedische Bildung bewahrt in der Endung -re für die 3te Pers. Plur. des Praes. Med.; im Dh.: socare (W. çuc) v. 225, upapajjare (pad) v. 307, lajjare (lajj) v. 316, mit den vedischen Formen wie pinvire, çriṇvire ganz in einer Reihe stehend. Das. Jāt. 34: miyyare, mit Doppelconsonant für die Länge, statt *mīyare, sanskr. mriyante; nisevare F. Jāt. 7. Im Jāt. 1 p. 129 kommt auch das Passiv vuccare vor (W. vac, sanskr. uccante), ebenso: vijjare (vid) Mah. 251, vidhīyare (sanskr. vidhīyante) Att. 195.

Von den secundären Endungen ist das am der 1sten Pers. Sing. im Aor. gewöhnlich blosses ṁ geworden, z. B.: rodiṁ, der Form der 3ten Pers. rodi nachgebildet durch einfache Anfügung des ṁ, gegen sanskr. arodišam.

Das *-s* der 2ten Pers. und das *-t* der 3ten Pers. Sing. sind geschwunden, und diese Formen fallen demnach gewöhnlich lautlich zusammen: avoca Dh. p. 185 = skr. avocas; ajjhagā Dh. v. 154 = adhyagāt; mā kandī v. 371 = krandīs; assosi Dh. p. 209 = açrāuṣit. Kacc. (Sen. 431) giebt sowohl dem Aorist als dem Impf. in der 2ten Pers. Sing. die Endung *o*; demnach wäre also der Ausgang *as* wie sonst haüfig in *o* übergegangen; aber für solche Formen habe ich keinen Beleg gefunden.

Die 1ste Pers. Plur. endigt ursprünglich auf -ma wie im Sanskr. z. B. Aor. ahumhā (die Länge, weil ti folgt; zwar führt Kacc. (Sen. 431) -mhā mit langem a als Endung an; indessen ist doch hier das kurze a mindestens ebenso haüfig) Dh. p. 105, für ahusma, mit Weiterführung der sigmatischen Bildung, vom Sing. ahū = sanskr. abhūt. — Opt. z. B. labheyyāma Dh. p. 107, sanskr. labhema.

Sonderbar ist der Uebergang von *a* in *u* in dieser Endung -ma, welcher jedenfalls in den beiden Formen jānemu, Dh. p. 96 und sonst bisweilen in Versen, (W. jñā nach der 1sten Classe flectirt) und viharemu Ten. Jät. 47 stattfindet. Dass dies keine ganz junge Erscheinung ist, zeigt sich darin, dass eben nur diese beiden Formen die ursprüngliche, dem Sanskrit entsprechende Optativbildung bewahrt haben, während alle andere, wie das erwähnte labheyyāma auf Weiterbildung beruhen.

Ein Uebergang von *a* in *u* ist nicht selten im Pāli, wie wir einen solchen in den Formen brahmuno, kammuno etc. gesehen haben (S. 34), aber von einer solchen Veränderung des Wortauslautes ist mir kein Beispiel bekannt. Ich wüsste hier keine andere Erklärung, als dass in dem mu die Endung -mas stecke. Die Erscheinung der primären Endung im Optativ hat nichts befremdendes; ist doch dies auch sonst nicht selten (cfr. 2te Pers. Sing. z. B. gaccheyyāsi, 2te Pl. auf -tha etc.). Die Endung -mas hätte denn zuerst die Gestalt mo angenommen, und das *o* wäre später in *u* übergegangen, wie aus aso (asāu) asu wird. Sonderbar wäre dabei nur die geringe Verbreitung dieses Vorganges.

Im der 2ten Pers. Plur. ist die secundäre Endung -ta der primären überall gewichen.

Die Endung -an der 3ten Pers. Plur. ist abhanden gekommen; aus der Endung -us ist entweder durch Verklingung des *s* u geworden, z. B. āhu = āhus Dh. v. 345. 346. 362, Opt. paṭivadeyyu = prativadeyus v. 133, phuseyyu = spṛçeyus v. 133, oder mit einem nasalen Nachklang, mit dem griech. ν ἐφελκυστικόν vergleichbar, uṁ (die weit häufigere Form). Kacc. (Sen. 431) beschränkt die Endung ū auf das Impf., uṁ auf den Aor.; ebenso führt er für den Opt. nur die Endung eyyuṁ an.

Beispiele sind: aguṁ Mah. 52. 234, sanskr. agus (W. gā); aduṁ Mah. 6, sanskr. adus; apanesuṁ Dh. p. 186, sanskr. apānāiṣus; Opt.: kareyyuṁ Dh. p. 187.

Für das Medium stellt Kaccāyana (Sen. 431) folgende Endungen auf: Impf. -iṁ, -se, -ttha; -mhase, -vhaṁ, -tthuṁ. Aor.: -a, -se, -ā; -mhe, -vham, -ū.

Von diesen Medialformen können nur ein paar belegt werden, und zwar äusserst spärlich. Die Formen auf -mhe und -mhase sind oben besprochen. Die Endung -vhaṁ entspricht dem sanskr. -dhvaṁ, kommt aber in den Texten nicht vor. In der Endung -se, wenn diese wirklich vorkommt, hätte also 2te Pers. Sing. die Endung des Præs. angenommen. Wenn die als Impf. Med. aufgestellte Form auf iṁ nicht mit dem Aor. Act. auf iṁ identisch ist, müsste man darin die sanskr. End. -i der 1 Pers. Med. Aor. sehen, wozu ein nasaler Nachklang angetreten wäre.

In dem von Kacc. als die Endung der 3 Pers. Sing. angeführten -ttha ist das tt aus st entstanden, es ist also eigentlich der Ausgang des sigmatischen Aoristes, die als Endung aufgefasst worden ist. Sonst findet sich auch -tha wo das t, wie später zu erwähnen wird, unregelmässige Aspiration erlitten hat, als Endung bei einigen Impf.; ebenso ist es die Endung der 3ten Pers. Opt. Med.

Eine dem sanskr. -thās entsprechende Endung der 2. Pers. Sing. wird von Kacc. nicht angeführt. Zweite Pers. ist vielleicht: mā āsañkittha mahārāja Jāt. 1. p. 151, einem sanskr. *āçañkiṣthās entsprechend; hier wird nämlich im Folgenden der König im Singular angeredet. Der Form nach könnte man es aber auch entweder als 3. Pers. Sing. Med. oder als 2te Pers. Plur. Act. fassen.

Die Imperative sind häufig belegt. Die 3te Pers. Sing. endet auf -tu wie im Sanskr., z. B. jayatu (W. ji) Jāt. 9. Plur.: maññantu (im Skr. Medium) Dh. v. 74.

Weit grössere Verbreitung als im Skr. hat die Endung -hi der 2ten Pers.: brūhi Dh. p. 123; von Verben der 1sten Hauptconjugation z. B.: hohi Dh. p. 187, einem *bhavahi entsprechend. Plur. hat die Endung -tha z. B. hotha Dh p. 104. Ebenso 1. Pers. Plur. auf -ma: jivāma, viharāma Dh. v. 197.

Die Endung -sva der 2ten Pers. Sing. Med. findet sich nicht selten, nur aber in der Gestalt -ssu; das *u* ist wohl hier aus va entstanden, aber trotzdem zeigt sich das *v* in dem doppelten *s*; hiermit lässt sich einigermaassen der Vorgang bei der Form sakkuṇāti (neben sakkoti = çaknoti) vergleichen, wo das *n* doppel vertreten ist. (S. unten S. 69).

Folgende sind die mir bekannten Beispiele dieser Bildung:

bhavassu Dh. v. 371, bhajassu v. 375, samādiyassu Dh. p. 97, in einem Verse, (vom Pass. samādīyate mit activer Bedeutung; daneben: samādiya Jāt. 20) viramassu, parivajjayassu ibid., bujjhassu (skr. budhyasva) p. 117 (in einem Verse); bhāsassu p. 123, nivattassu p. 142. 219, tāyassu (skr. trāyasva) p. 173; bhuñjassu p. 219; bharassu Jāt. 135.

Die Endungen der 3. Pers. sind nach Kacc. (Sen. 429) Sing. -taṁ und Plur. -antaṁ (dem sanskr. -tām und -antām entsprechend), die aber meines Wissens in den Texten ebenso wenig belegt sind als die von Kacc. aufgeführte unerklärliche Endung der 2. Pers. Plur. auf -vho (skr. -dhyam). Die Endung der 1sten Pers. Plur. auf -āmase ist oben unter Præsens besprochen.

Dh. p. 86 kommt als 1. Pers. Plur. Imper. Med. die Form gacchāmahaṁ vor (skr. gacchāmahāi). Die Endung -āi ist also zu *a* abgeschwächt worden, und ein nasaler Nachklang hat sich zugesellt, wie bei dem oben erwähnten aguṁ statt agus etc., vielleicht in Folge dunkeler Aussprache des *a*. In dieser Beziehung bildet gleichsam eine Zwischenstufe die Dh. p. 147 vorkommende Aoristform akaramhasa neben ahuvamhase (cfr. S. 47).

Auf einer gleichen Lautveränderung scheint die Form der 1. Pers. Sing. Fut. Med. auf -aṁ zu beruhen, z. B. bhavissaṁ Dh. p. 89 (sanskr. bhavisye). Diese Form ist unzweifelhaft eine wirkliche Medialform und kommt als solche auch in dem Prākrit vor. Unerklärlich bleibt dabei sowohl das lebendige Hervortreten des Medium in dieser einzelnen Form bei dem sonstigen Absterben der medialen Flexion, als auch, warum gerade in diesem Tempus jener Lautübergang stattgefunden hat. Der Bedeutung nach trennen sich diese Futurformen keineswegs von den entsprechenden activen, kommen auch nicht vorzugsweise bei solchen Verben vor, die im Sanskr. Deponentia sind.

Dagegen lässt sich die Form der 1. Pers. Optativ auf -aṁ, z. B. gaccheyyaṁ, die Kacc. (Sen. 430) als mediale Form aufstellt, von der gleichlautenden sanskr. nicht trennen; und wenn diese Form wirklich mediale Geltung bekommen hat, was nicht wahrscheinlich ist, müsste die Analogie der erwähnten Futurformen auf -aṁ dazu beigetragen haben.

Das Perfectum hat nach Kacc. (Sen. 430) folgende Endungen: im Activ: -a, -e, -a; -mha, -ttha, -u; im Medium: -i, -ttho, -ttha; -mhe, -vho, -re. Von diesen Formen, von denen einige dem Aorist entlehnt sind, kommen wohl in den Texten, ausser der 3ten Pers. Sing. auf -a und Plur. auf -u, keine vor.

Im Dh. findet sich nur ein Perf.: āha v. 306.

b. Regelmässige Tempusbildungen.

Die Classenunterschiede sind im Pāli durch das häufige Uebertreten in die 1ste Hauptconjugation weniger scharf gezeichnet als im Sanskrit. Die vier Classen der 1sten Conjugation sind in ihrem gegenseitigen Unterschiede ziemlich erhalten, indem die 4te Classe die Lautveränderungen zeigt, die aus dem durch das antretende *y* bewirkten Consonantenconfliche entstehen musste. Das Dh. hat z. B. folgende Praesentia der 4ten Classe: sammati v. 3. 100 = çāmyati, maññati v. 68 = manyate, upapajjanti v. 126 = upapadyante, dussati v. 124 = duṣyati, bujjhati v. 136 = budhyate, jīranti v. 151 Dh. p. 356 = jīryanti, mit einem seltenen Ausfall des *y*; mit der gewöhnlichen Assimilation der Lautgruppe *ry* dagegen entsteht: jiyyati Dh. p. 179, wie ayyo aus ārya, und, wie einfacher Consonant mit Länge und Doppelconsonant mit Kürze des Vocals gewöhnlich wechseln, auch: jīyati Dh. p. 179; mīyanti Dh. v. 21 entspricht dem sanskr. mriyante mit Verlängerung des *i* vor *y*, wie im Pass. karīyati neben kariyati aus *karyati, obgleich in dieser Form vielleicht der Accent von Einfluss gewesen ist; mit Doppelconsonant statt Länge: miyyanti Dh. p. 179 und miyyare Das. Jāt. 34 (daneben das vedische marati Sen. 460). Umgekehrt ist das *i* verkürzt in: ādiyati v. 246, eigentlich Passiv = ādīyate, aber mit activer Bedeutung; der Grund der Kürzung liegt wohl darin, dass der Accent durch die Zusammensetzung mit der Praeposition dem Verbum entzogen wurde; das Passivum des Simplex lautet wie im Sanskr. dīyati.

Bei den auf *h* auslautenden Wurzeln findet die gewöhnliche Metathesis desselben Statt: upanayhanti Dh. v. 4 für sanskr. upanahyanti, und mit einem anaptyktischen *i* (aus dem *y* entstanden) zwischen den beiden Consonanten: upanayihanti v. 3; pamuyhati Dh. p. 173 = pramuhyati.

Verba der 6ten Classe sind z. B.: sammasati Dh. v. 374 = sammṛçati, anukantati v. 311 = anukṛntati mit dem häufigen Uebergang des ṛ-Vocals in *a*; in phusati v. 23 = spṛçati ist er, wie gewöhnlich nach einem Labial, *u* geworden; nudati v. 28 wie im Sanskr. etc.

Besondere Unregelmässigkeiten entstehen durch verschiedene lautliche Eigenthümlichkeiten. So ist das gewöhnliche Praesens der Wurzel bhū hoti (auch bhoti, besonders in Zusammensetzungen, wie atibhoti Jāt. 1. 163) aus bhavati, indem das *va* zu *u* abgeschwächt und dieses mit dem vorhergehenden *a* in *o* contrahirt wurde. 1ste Pers.: hōmi Dh. p. 187. In derselben Weise wird *aya* häufig zu *e* contrahirt: paṇeti Dh. v. 310 = praṇayati, neben nayati v. 80. 321. Am häufigsten findet dies Statt bei den Verben der 10ten Classe, z. B.: nêresi (ɔ: na īresi) Dh. v. 134, für īrayasi, sodhenti v. 141 (caus. v. çudh), pabhāseti v. 172. 382, piheti v. 209 = spṛhayati, atimāpeti v. 246 = atimāpayati (Caus. v. mī), chādeti v. 252 = chādayati, vicinteti v. 286, pakāsenti v. 304, dipeti v. 363, ghāteti v. 405. Allmählig hat sich daraus eine vollständige neue Flexion entwickelt, so dass die Formen mit *e* auch da eindrangen, wo ursprünglich keine Contraction stattfinden konnte: in der 1sten Pers. Sing. und Plur., wo das ā lang war: z. B.: pabbājema Dh. p. 139 (Caus. v. pra-vraj), dhāremi Dh. p. Dh. p. 384. Seltener sind die regelmässigen Formen: namayanti Dh. v. 80, damayanti v. 80, dassayanti (skr. darçayanti) v. 83, bhāvayati v. 350, dhārayāmi Pāt. 11.

In sumarati v. 324 = sanskr. smarati, hat sich ein anaptyktischer Vocal entwickelt wie in sineho neben sneho, und zwar ein *u* wegen des folgenden Labialen; daneben kommt sarāmi vor Mah. 246.

Vielleicht hat sich im Praesens agghati Dh. v. 70 die ältere Form erhalten, während das sanskr. arhati von dem gh nur die Aspiration übrig hat; dagegen arahati v. 9.

Eine alte Form ist wohl auch erhalten in onandhati (avanah, cfr. das erwähnte upanayhati), indem im Sanskr. einige Formen des Verb. nahyati auf eine Wurzel nadh zurückgehen (z. B. Fut. natsyati). Eine häufige Nebenform ist piḷandhati z. B. Dh. p. 154. 234 (Subst. piḷandhanaṁ Dh. p. 235), mit einem sonst beispiellosen Uebergang von *n* zu *ḷ*, wohl in einem Streben nach Dissimilation begründet.

Eine höchst unregelmässige Lautänderung zeigt auch samiñjati Dh. v. 81 von der W. iṅg, daneben aber: iṅgitaṁ Ab. 764. (Nach B. R. kommt samiñjayati auch in der Bṛh. Âr. Up. vor).

Merkwürdig sind die Formen: yamāmase Dh. v. 6, vāyama (vyā-yam) v. 236 von der Wurzel yam, die sich dem vedischen yamati anschliessen; dem sanskr. yacchati entsprechende Formen kommen bei dieser Wurzel nicht vor, während von der Wurzel gam Formen wie gacchati etc. sehr geläufig sind; doch ist die vom Kacc. (Sen. 458) angeführte Imperativform gama zu beachten, die gewiss auch mit dem vedischen gama zusammenzustellen ist.

Endlich ist zu bemerken, dass ein paar auf *h* ausgehende Wurzeln der 1sten Classe statt der Steigerung auch die Verlängerung des Vocals zulassen, wie dies auch im Sanskr. bei der Wuzel guh (gūhati) der Fall ist: neben abhirohati (das Simplex scheint nicht vorzukommen) findet sich abhirūhati Dh. v. 321 und sogar gekürzt: abhiruhati Dh. p. 235, wahrscheinlich, wiel der Accent der Wurzelsilbe entzogen wurde.

Von den Verben der 2ten Classe bilden die vocalich ausgehenden gewöhnlich das regelmässige Praesens: yāti Dh. v. 29; eti v. 24; vāti v. 56; seti v. 78 (çī); ābhāti v. 387; brūmi v. 222, bravīti Sen. 466; pāti Sen. 447; hanute Sen. 427 entspricht dem skr. hnute mit einem anaptyktischen *a*. Von den consonantisch ausgehenden Wurzeln scheinen atthi (= asti), Plur. santi und hanti

Dh. v. 72 (dagegen Plur. hananti) die einzigen regelmässigen Praesensformen zu sein.

Die 3te Classe ist sehr spärlich vertreten: jahāti Dh. v. 91 (vijahāti p. 99), dadāti v. 249, juhoti Sen. 445, dadhāti Sen. 444; bhayati Dh. v. 129 entspricht der vedischen Form, gegen skr. bibheti.

Sehr wenige Verba sind auch der 5ten und 8ten Classe geblieben: pappoti Dh. v. 27, Das. Jāt. 36 = prāpnoti, daneben mit anaptyktischem *u*: pāpuṇoti Sen. 440; sakkomi Dh p. 215 = çaknomi, saṁvuṇoti Alw. 20 (vṛṇoti), āvuṇoti, abhisuṇoti Sen. 440, tanoti Alw. 20.

Karoti Dh. v. 2, karomi v. 306, karosi Dh. p. 186. Plur. kubbanti Dh. p. 225. Med. kurute v. 48.

Von der 9ten Cl.: jānāti Dh. v. 6. 64, Med. 1. Pers. jāne Mah. 251; opunāti v. 252, (avapunāti); gaṇhāti Dh. p. 111, durch Metathesis aus *gahṇāti (gṛhṇāti) entstanden, paṭigaṇhanti Dh. v. 220; kiṇāti, jināti, dhunāti, lunāti (Sen. 440).

Die Bildung des Optativs ist eine sehr mannigfache. Ganz regelmässig ist die oben erwähnte Form der 1sten Person Sing. bei den Verben der 1sten Conjugation, wie uddiseyyaṁ Dh. v. 353, labheyyaṁ Dh. p. 187, bhaveyyaṁ Dh. p. 252, yāceyyaṁ p. 231; ebenso die der 3ten Pers. Plur., z. B.: paṭivadeyyu v. 133, phuseyyu v. 133, vaseyyuṁ Dh. p. 81 etc.

Sehr gewöhnlich, besonders im Dh., ist die dem Sanskr. entsprechende Form der 3ten Pers. Sing. auf *e*, indem das *t* abfallen musste: rakkhe v. 40, gache v. 45. 224, care v. 49. 107. 231. etc., passe (paçyet) v. 76. 170. 289, bhaje v. 76. 78, icche v. 84, jīve v. 110, saṁvase v. 167, uttiṭṭhe v. 168, bhaṇe v. 223, niddhame (W. dhmā) v. 239, naye v. 256, caje (tyajet) v. 289, seve v. 310, parakkame (kram) v. 313, abhisaje (sajet), daneben Praesens sajjati (sañj) v. 408, paribbaje v. 416; — nivāraye v. 77. 116, pūjaye v. 106, parivajjaye (caus. v. vṛj) v. 123; ghātaye v. 129, nivesaye v. 158, visodhaye v. 165. 281. 289, hāpaye (hā) v. 166, dhāraye v. 222, ārādhaye v. 281, vinodaye v. 344, bhāvaye v. 370, udiraye v. 408.

Von der regelmässigen Optativbildung der 2ten Conjugation sind einzelne Reste vorhanden: siyā gleich sanskr. syāt (sehr häufig im Dh.), welche Form wohl durch die gewöhnliche Spaltung des *y* aus der entsprechenden sanskr. hervorgegangen ist, obgleich sie durch diese Spaltung das Aussehen gewonnen hat, als wäre sie die ursprünglichere. Eine seltenere merkwürdige Bildung ist: assa Dh. v. 9. 124. 260. 376. Die Kürzung des *a* erklärt sich vielleicht aus einer Umsetzung des Accents. In dem vorgeschlagenen *a* kann man nicht etwa eine ältere Form sehen; es ist hier wie in den Praesensformen: amha, attha, (smas, stha) nach Analogie der Formen amhi, atthi später angetreten. 1ste Pers. Sing.: assaṁ = syām Dh. p. 186; Plur. assāma; 3. Plur. assu Dh. v. 74. p. 185 und siyuṁ = syus.

Andere Formen dieser Art sind: kayirā, mit Metathesis und anaptyktischem *i* (statt *karyā), Dh. v. 42. 43. 53. 61. 105. 117. 159. 281. 330, dem sanskr. kuryāt entsprechend, indem das *a* aus den Formen wie karoti eindrang, und jāniyā Sen. 447. Diese Form wird wohl mit dem sanskr. jānīyāt identisch sein, obgleich die Verba der 9ten Classe die Schwächung der Silbe nā zu nī sonst nicht kennen; gekürzt wäre denn das ī wahrscheinlich weil der Accent auf der Endsilbe ruhte; eine zweite Stufe bietet jaññā Dh. v. 157. 352 (assimilirt aus janyā), wo das i ganz verklungen ist. Ganz regelmässig ist dajjā v. 223 Dh. p. 434, dem sanskr. dadyāt entsprechend.

Im Imperativ entstehen die meisten Unregelmässigkeiten aus der Weiterführung der Endung -hi. Regelmässige Formen sind z. B.: passa v. 147; bhava v. 236; jhāya v. 327 (W. dhyāi) gaccha F. Jāt. 6; sara (smṛ) Ras. 40; piva Mah. 48; panuda Dh. v. 383; codaya v. 379; sannamaya v. 380. Mit Contraction der Endung -aya in *e*, vielleicht paṭimase für paṭimasaya (W. mṛç) v. 379; — kuru Mah. 18. 61; — brūhi Dh. v. 123; yāhi Jāt. 1. p. 112; ehi Dh. p. 119; dehi Dh. p. 193.

3. Pers. Sing. z. B. gacchatu, vandatu Dh. p. 240. Plur.: maññantu Dh. v. 74.

Das Futurum bietet, neben der Ueberwucherung neuer Bildungen vieler Art, noch eine ziemliche Zahl alter Formen:

Von Wurzeln auf ā: z. B. pahassatha (2 Pl.) Dh. v. 144 (hā); ñassati Dh. p. 89 = jñāsyati; ṭhassati Dh. p. 318 (sthā).

Von Wurzeln auf ī und ĭ: adhisessati Dh. v. 41 (çī); vijessati v. 44 (ji); pacessati v. 44 (ci); essati v. 86. 369 (i); nessatha v. 179 (nī).

Von Wurzeln auf ū: bhavissati Dh. v. 228. 264, bhavissāma v. 201. Die Nebenform hessati Mah. 18. 25, Sen. 451, ist aus bhavissati entstanden, durch die Zwischenstufen: *bhaïssati — *haïssati, indem nach Ausfall des *v a* und *i* in *e* contrahirt wurden; sossati Dh. p. 332, sossāma Dh. p. 174 (S. çroṣyati).

Von Wurzeln auf ṛ: karissati Dh. v. 376. p. 123; marissati Dh. p. 96; bharissāmi Das. Jāt. 7.

Von consonantisch ausgehenden Wurzeln: gamissati v. 120, Dh. p. 121, gamissāmi, gamissāma F. Jāt. 17; rakkhissāmi F. Jāt. 17; patissāmi F. Jāt. 56 (pat); sahissati Dh. p. 187; vedissāmi Pāt. 11; rodissati Dh. p. 95.

Selbst Consonantenzusammenstoss wird in einige Formen nicht vermieden: mokkhanti (pass.) Dh. v. 37. 276 (sanskr. mokṣyante); bhokkhaṁ (med.) Das. Jāt. 7 (vom Comm. mit bhuñjissāmi wiedergegeben); checchati Dh. v. 350 (sanskr. chetsyati); pavekkhati Mah. 153 (viç); vakkhāmi Dh. p. 129. 199. 239 (sanskr. vakṣyāmi); dakkhati Sen. 448 (drakṣyati).

Ein ganz unregelmässiger Uebergang eines Labialen in einen Dentalen findet Statt in: lacchati Dh. p. 96. 304, aus *latsyati, sanskr. lapsyate. Nur so erklärt sich auch die Aoristform alattha (3. Pers. Sing. Med.) sanskr. alabdha. Cfr. das Abs. laṭṭhūṇa (*labdhvāna) im Jainaprākrit.

In den Formen: ehisi Dh. v. 236. 369, upehisi v. 238. 248, ehiti Mah. 40, Pl. ehinti, hat sich das *s* zu *h* verhaucht, und die Silbe *ya* ist zu *i* abgeschwächt worden; sanskr. eṣyati etc.; ebenso ist in: dakkhisi F. Jāt. 23, 3te Pers. Plur. dakkhinti, und 3te Pers. Sing. sakkhiti (Child.) aus *ya* *i* geworden; sanskr. drakṣyati, çakṣyati.

Noch merkwürdiger ist die Form kāhasi Dh. v. 154, p. 123, Sen. 452. Hier ist erstens eine Bildung ohne Bindevocal vorhanden; im Sanskr. würde dieser Form ein *karṣyati entsprechen; ferner ist das *r* geschwunden und durch Dehnung des Vocals ersetzt; und endlich scheint die ganze Lautgruppe ṣy im *h* übergegangen zu sein, oder das *y* hat sich nach der Verhauchung des *s* nicht halten können. Plur.: kāhāma Sen. 452. — In den Formen kāhisi, kahiti Sen. 452, vyantikāhiti Dh. v. 350 (vyati-kṛ) und vihāhisi (vi-hṛ) dagegen ist die Silbe *ya* in *i* übergegangen. Dasselbe gilt von den von Kacc. (Sen. 451) angeführten Formen hehiti, Pl. hehinti (aus bhaviṣyati durch Uebergang von ṣ in *h* und *ya* in *i*). Ebendaselbst finden sich auch die Formen: heti, Pl. henti, die durch Contraction aus hehiti, hehinti entstanden sein müssen.

Das Futurum aller Denominative geht auf -essati aus, z. B. saññāmessanti (sam-yam) Dh. v. 37; nāsessāmi Dh. p. 187; kāressāmi Dh. p. 189; vañcessāmi Dh. p. 89. Dies fasst man wohl am natürlichsten so, dass an den contrahirten Stamm derselben (saññāme etc.) die Futurendung angetreten ist. Doch könnte diese Bildung freilich auch mit der entsprechenden sanskr. identisch sein, wenn man annimmt, dass das *y* wie im Prākrit ausgefallen wäre; dann würden diese Formen auf eine Vorstufe: *saññāmaïssati etc. zurückgehen.

Der Conditionalis ist in einigen Formen vertreten. Ganz regelmässig sind: agamissa Sen. 429; abhavissā Dh. p. 203.

Auch im Aorist, wo das Uebergreifen neuer Bildungen noch stärker ist als im Futurum, sind ziemlich viele alte Formen geblieben. Von asigmatischen Bildungen: z. B. ahū (bārānasim ahū rājā) Mah. 58, sanskr. abhūd, ahu Dh. v. 228, vor Vocalen auch ahud; agā Dh. p. 129, ajjhagā (adhyagāt) Dh. v. 154. p. 185, mā upaccagā (3. Pers. v. upa-ati-gā) v. 315. 412. 416, accagā v. 419; aṭṭhā Mah. 78, sanskr. asthāt; adā Mah. 23; akā Mah. 23. 37, entspricht dem vedischen akar, mit Ersatzdehnung für das abgefallene r; Plur. 3. Pers. aguṁ Mah. 52. 234, sanskr. agus, anvagu Das. Jät. 36 (eine Hdschr. hat anvagū); aduṁ Mah. 6, sanskr. adus.

In den Formen: agamā, gamā Sen. 428. 432, ajjhagamā Ras. 78, sanskr. agamat, ist wohl die Länge nach Analogie der eben erwähnten Formen fälschlich aufgekommen; indessen schwankt häufig die Quantität der Endung a in den Verbalformen.

Die Wurzel vac bildet: avoca Dh. p. 124. 185, sanskr. avocat; mā voca (2te Pers.) Dh. v. 133.

Unerklärlich bleibt mir das doppelte d in: acchidda Dh. v. 351, sanskr. acchidat. Das Metrum verlangt hier eine Länge, aber eine so wesentliche Aenderung metri causa ist doch zu gewaltsam, obgleich das Pāli sich in dieser Beziehung vieles erlaubt, z. B. die sehr häufige Dehnung der Endung -ti des Praesens, die ohne irgend welchen inneren Grund vorgenommen wird, wo nur das Metrum eine Länge braucht, wie nayatī pare (Dh. v. 251, am Ende des Verses) etc. — Vom Commentator ist dieser Aorist mit acchecchi (skr. acchāitsīt) wiedergegeben.

Eine interessante Abweichung vom Sanskr. bietet die Form addasa Dh. p. 94. 135, 204, 315, F. Jāt. 3, indem die Metathesis, welche im sanskr. Fut. drakṣyati und Aor. adrākṣīt vorhanden ist, auch hier stattgefunden hat, gegen sanskr. adarçat. Dem addasa würde ein *adraçat entsprechen, was dem griech. ἔδρακε völlig gleichkommt.

Von sigmatischen Bildungen: akāsi (3. P.) Dh. p. 99. 200, akāsi (2. P.) Jāt. 1. 112, sanskr. akārṣīt; ahāsi Dh. v. 3; sanskr. ahārṣīt; ayāsi (W. yā) Jāt. 1. 108, aññāsi Dh. p. 153, sanskr. ajñāsīt; ajesi (ji) Dh. p. 100; pahesi F. Jāt. 6, sanskr. prāhāiṣīt; assosi Dh. p. 209 290, sanskr. açrāuṣīt; acchecchi Dh. p. 413, sanskr. acchāitsīt; akkocchi Dh. v. 3, sanskr. akrāukṣīt; addakkhi Dh. p. 97, sanskr. adrākṣīt. Plur.: apanesuṁ Dh. p. 186, sanskr. anāiṣus; akāsuṁ, sanskr. akārṣus; akattha (2. Plur.), sanskr. akārṣta.

Eine merkwürdige Form ist lattha (2. Plur. Sing. Med.) Dh. p. 240, dem sanskr. alabdhās entsprechend, entstanden durch

Ueberwiegen der Endung, während im Sanskr. der Endconsonant der Wurzel die Endung beeinflusst. Dabei findet entweder derselbe Uebergang des Labialen in einen Dentalen, den wir schon im Fut. lacchati gesehen haben, Statt, oder das doppelte *t* ist allein durch die Assimilation des Endconsonanten mit der Endung entstanden (lattha aus *laptha).

Die der sogenannten 3ten Bildung des Sanskr. entsprechenden Aoriste sind ziemlich häufig: Beispiele sind: avadhi Dh. v. 3, sanskr. avadhīt; acāri v. 326; pakkāmi Dh. p. 192. Jāt. 112. 134, (prākrāmīt); vedi Dh. v. 419, sanskr. avedīt; aggahi Mah. 150, sanskr. agrahīt; pamādi Mah. 198; vedī Dh. v. 423 (pubbenivāsaṁ yo vedī: „wer seine frühere Existenz kennt") betrachtet Childers merkwürdiger Weise als ein Adjectiv (vedin); viel natürlicher sieht man doch darin den Aorist avedīt; die praesentische Bedeutung (die auch vedĭ v. 419 hat) muss von dem verlorenen veda herübergekommen sein. Die ursprüngliche Länge der Endung findet sich auch in: mā kandī Dh. v. 371, sanskr. krandīs.

Bei einigen Verben lässt es sich nicht entscheiden, ob der Aorist eine regelmässige oder eine aus dem Praesensstamme hervorgegangene Bildung ist, z. B. hasi Jāt. 1. 166 (Praes. hasati, sanskr. Aor. ahasīt); nikkhami Dh. p. 108 (nis-kram; sanskr. akramīt); khādi (Praes. khādati) Jāt. 1. 132; rodi (Praes. rodati, W. rud) Jāt. 1. 166. etc.

Die Form sandhāvissaṁ Dh. v. 153, die Fausböll für Conditionalis hält, muss man mit Childers als einen Aorist, sanskr. samadhāviṣam, betrachten (sie wird auch von dem Comm. Dh. p. 320 mit saṁcariṁ, anuvicariṁ wiedergegeben). Wir haben also hier ein Beispiel der sanskr. Endung 1ster Pers. -iṣam, die sonst nicht vorzukommen scheint; allerdings macht das doppelte *s* Schwierigkeiten, aber der Zusammenhang fordert nothwendig einen Aorist.

Dasselbe gilt von dem titikkhissaṁ Dh. v. 320, in welchem Fausböll ein Futurum sieht.

Das Perfectum ist in äusserst wenigen Resten noch vorhanden. Ausser dem erwähnten āha, kommen noch vor: susoca Att. 212, sanskr. çuçoca; bubodha Att. 203; ciccheda Alw. I. 26; babhūva, Pl. babhūvu Sen. 449; viduṁ, vidu Mah. 141, sanskr. vidus. Wenn das Perf. jahāra wirklich der Wurzel hā (sanskr. Perf. jahāu) gehört, wie es Kacc. (Sen. 445) lehrt, muss das *r* derselben Natur sein wie in den sonderbaren Formen: āragge-r-iva sāsapo Dh. v. 401, wo āragge der Locativ ist vom sanskr. ārāgra, und: sāsapo-r-iva āraggā v. 408 (Nominativ Sing., sanskr. sarṣapa). Die Formen bilden mit iva gleichsam ein Wort. In dieser Weise hat sich wohl auch in dem ursprünglichen *jahāa das *r* entwickelt zur Beseitigung des Hiatus, aber wie, lässt sich schwierig sagen.

Von den Verbalnomen sind, besonders in älteren Texten wie Dh., die regelmässig gebildeten Formen überwiegend. Das Dh. hat flg. Gerundia auf -tvā: ñatvā v. 12. 22 etc. (sanskr. jñātvā); disvā v. 15. 340 (sanskr. dṛṣṭvā), mit Uebergang des ṛ-Vocals in *i*, in katvā v. 67. 129 dagegen zu *a*, sanskr. kṛtvā; hitvā v. 29. 88. 201; viditvā 40; caritvā 155; sutvā 100 (çrutvā); pītvā 205; gantvā 225; laddhā 155 = labdhvā; datvā F. Jāt. 3; hutvā (bhū) F. Jāt. 3.

In den Formen: jetvā (ji) Dh. v. 175, chetvā (sanskr. chittvā) v. 283. 369. 397. 398 und chetvāna v. 45. 346. 347 ist die Steigerung nach Analogie des Infinitivs eingetreten.

Das vedische Suffix tvāna ist ziemlich häufig vorhanden, auch in jüngeren Texten. Beispiele sind ausser dem erwähnten chetvāna: sutvāna (çru) Dh. v. 82. 259; disvāna v. 149; viditvāna Dh. p. 417; laddhāna (labh) Mah. 69; datvāna Mah. 88; yācitvāna Mah. 109; ṭhatvāna Mah. 178 (sthā); auch durch Samprasārana zu tūna herabgeschwächt, wie im Jainaprākrit: kattūna Sen. 510, und mit Ausfall des *r* und Ersatzdehnung (wie in sāsapo aus sarṣapa) kātuna (512); gantūna, mantūna, hantūna, khantūna Sen. 503.

Das Gerundium auf ya ist im Dh. nur bei componirten Verben gebräuchlich, wie im Sanskrit; allmählig tritt Vermischung beider Suffixe ein. Beispiele aus Dh. sind: pahāya v. 20. 329. 346, ādāya 47. 49. 268, abhiññāya (jñā) 74. 166, nidhāya 142. 405, nissāya (çri) 164, uṭṭhāya (sthā) 240, saṅkhāya (khyā) 267, abhibhuyya 328, mit Verdoppelung statt der Länge, sanskr. abhibhūya.

Nach consonantisch endigenden Wurzeln finden Assimilation und anderweitige Veränderungen statt: nisamma v. 24 (W. çam); āgamma 87. 189; pavissa v. 127 (viç); vivicca 271 (vivicya); ubbhijja 340 (udbhidya); parakkamma (parā-kram) 383; okkamma (ava-) Jāt. 158.

Nach *h*, wie immer, Metathesis: āruyha v. 28; niggayha 76; paggayha 268 (grah); abbuyha Dh. p. 255 von ā-bṛh mit Uebergang des ṛ in *u*, während das Praesens desselben abbahati lautet; Aor. abbahi Dh. p. 96.

Ebenso wird der Infinitiv auf -tuṁ im Dh. nur vom Verbalstamme gebildet. Beispiele sind: saṅkhātuṁ v. 196; ninditum v. 230; bhavituṁ Dh. p. 233; daṭṭhuṁ Dh. p. 84. 105 (draṣṭum); pattuṁ Dh. p. 195. 210 (prāptum); laddhuṁ Dh. p. 114. 160; kattuṁ Sen. 512 und kātuṁ Dh. p. 187; so auch: kattabbaṁ Dh. p. 189 und kātabbaṁ p. 188; bhottuṁ (bhoktum) Alw. I. 40.

Eine alterthümliche Bildung, die dem Sanskr. abhanden gekommen ist, hat das Pāli bewahrt in dem Inf. auf -tave, dem vedischen tave, tavāi entsprechend: netave Dh. v. 180; pahātave v. 34; kātave Mah. 217; Sen. 485. 503; sotave (çru) Sen. 485.

Die Gerundive entsprechen dem Sanskr. und haben die Suffixe: tabbo, anīyo und yo.

Die Causative bieten, ausser der erwähnten Contraction von *aya* in *e*, noch die Eigenthümlichkeit, dass die Bildung mit *p* eine weitere Verbreitung gefunden hat als im Sanskr. z. B.: yojāpeti Dh. p. 265; carāpeti p. 296; harāpeti F. Jāt. 8; vadāpeti Mah. 155; gamāpeti Mah. 260.

Die Desiderative sind noch in einigen wenigen Resten vorhanden: jighacchati Sen. 434 = sanskr. jighatsati; titikkhati Sen. 434, Dh. v. 399 (wovon das erwähnte titikkhissaṁ)

= titikṣati; cikicchati Alw. 1. 26 = cikitsati; pipāsito Dh. p. 202 = skr. pipāsita; dagegen ist Praes. pivāsati Sen. 434 aus dem Praesens pivati gebildet; bubhukkhati (bhuj), jighacchati (ghas) Sen. 434; sussūsati Sen. 434, Alw. N. 23 = çuçrūṣate. Ein Desiderativum ohne Reduplication ist: pahaṁsati (han) F. Jāt. 2. 4.

Derselbe Uebergang eines Labialen in einen Dentalen, den wir schon im Fut. lacchati gesehen haben, findet auch Statt in der Form: jigucchanto (Partc. von jigucchati) Dh. p. 273, aus *jigutsati, statt des sanskr. jugupsati; daneben hat die Reduplicationssilbe sich nach der Mehrzahl der Desid. gestaltet.

Die Form jigiṁsati führt Kacc. (Sen. 449) auf die Wurzel hṛ zurück; beispiellos wäre aber ein solcher Uebergang von *h* in *g*.

Ein Streben nach Dissimilation hat sich geltend gemacht in den Formen: tikicchito, tikicchitabbā Dh. p. 354, caus. tikicchāpeti Dh. 215, neben dem erwähnten cikicchati, und in: vīmaṁsati F. Jāt. 12. 154, sanskr. mīmāṁsate.

Endlich könnte noch erwähnt werden: ācikkhati (sehr häufig) z. B. Dh. p. 85, welches mit dem sanskr. ācikhyāsati in Verbindung zu bringen ist, vielleicht gerade aus einem *ācikshati entstanden, wo das ā ausgefallen wäre, nachdem er erst wegen seiner Entfernung vom Hauptaccent gekürzt worden war, wie ein gleicher Abfall in der Form jaggati, aus *jagrati, neben jāgarati, stattfindet.

Vom Passivum hat das Dh. nur regelmässige Formen; es kommen hier dieselben Assimilationen und sonstigen Lautveränderungen wie bei den Verben der 4ten Classe zur Geltung, z. B. vihaññati Dh. v. 15. 62 (vihanyate); tappati v. 17. 136 (tapyate); paccati v. 69. 119 (pacyate); vijjati 90. 127 (vidyate); dissati v. 304 (dṛṣyate); paripūrati v. 38. 120 = pūryate, mit Ausfall des *r*, wie im jīrati = jīryati; diyyati Dh. p. 229 mit Doppelconsonant für die Länge, dagegen: nīyanti v. 175, avajīyati v. 179, hīyati Sen. 459 von hā (gewöhnlich ist hāyati z. B. Dh. v. 364). Kürzung findet Statt in: ādiyāmi Dh. v. 308, das auch nicht mehr passive Geltung hat.

In einigen Fällen ist die mediale Endung erhalten: uccate, vuccate (statt *vucyate), majjate (madyate), paccate, bujjhate (budhyate), yujjhate, kujjhate, haññate, kayyate (statt karyate) Sen. 438; vuccare Dh. p. 304, ist schon erwähnt.

Wie sonst nicht selten, hat das *y* in einigen Fällen ein *i* vor sich erzeugt. So führt Kacc. (Sen. 437. 438. 441) folgende Passivformen der Wurzel kṛ an: karīyati, kariyyati, kariyati, kayyati, kayiraṭi (die letzte Form kommt am häufigsten vor). Hier ist wohl auszugehen von einer Form *karyati; es ist also aus der Wurzelform kar das Passivum gebildet, wie auch ein Opt. kare und anderes dergleichen vorkommt, abweichend vom sanskr. kriyate. Aus diesem *karyati ist einerseits durch Assimilation kayyati geworden, andererseits durch die bei der Lautgruppe *ry* häufig stattfindende Metathesis des *y*: *kayrati und mit anaptyktischem *i*, welches metrisch nicht als Silbe gilt: kayirati (z. B. Dh. v. 292, dem Metrum nach kayrati zu lesen); drittens endlich durch Spaltung des *y*: kariyati und gedehnt: karīyati, kariyyati. Der Grund dieser Dehnung, die auch bei einigen anderen Verben statt findet, wie gamīyati (Sen. 451) und pāpīyati (Child. von pra-āp), liegt wohl in der Analogie der vielen Wurzeln auf i und ā, indem nach Formen wie nīyati etc. die Dehnung gewissermaassen als dem Passiv angehörig betrachtet wurde. Jedenfalls findet sich eine solche Dehnung niemals bei den Verben der 4te Classe, und der Accentunterschied kann hier kaum eine Wirkung ausgeübt haben.

Regelmässige Aoriste des Passivs sind z. B.: apādi Dh. v. 272, udapādi Anecd. 15; ajani Sen. 497: vañcimhā Dh. p. 194, aus einem im Sanskr. nicht vorkommenden avañci.

Ehe wir zu den Fällen übergehen, wo das Pāli sich vom Sanskrit entfernt, mag hier erwähnt sein, dass das Augment ungeführ ebenso häufig im Pāli fehlt, wie es vorhanden ist; es stimmt in dieser Beziehung das Pāli vollkommen mit der homerischen Sprache überein, und da häufig auch in den Veden und noch häufiger im Zend das Augment eingebüsst ist, können wir das beliebige Fehlen desselben, gegenüber dem constanten Gebrauch im Sanskr., nicht als eine spätere Erscheinung ansehen. Dieses Schwanken ist der Volkssprache aus einer frühen Zeit geblieben, während die gebildete Sprache gewissermaassen eine künstliche Wiederherstellung vornahm.

---

2. Vereinfachung der Verbalflexion.

Wie bei dem Nomen ist der Dualis gänzlich aufgegeben, weil derselbe neben dem Pluralis dem späteren Sprachbewusstsein überflüssig erschien; es stimmt also hier das Pāli genau mit dem Lateinischen überein.

Dem Lateinischen kommt es auch nahe in der Beseitigung des Medium, obgleich das Pāli hiermit nicht ganz zu Ende kam. Besonders häufig sind die medialen Participia auf māno, welche auch im Lat. eine besonders zähe Lebenskraft zeigen.

Auch einige auf āno kommen daneben vor: kubbānaṁ Dh. v. 217 = kurvāṇa, karāno (Child.) neben kurumāno und karamāno; sayāno (çī) Kh. 16. Abweichend vom Sanskr. ist der Gebrauch dieser Form in: upādiyāno Dh. v. 20, abhisambudhāno v. 45, esāno v. 131 (von skr. eṣate), uṭṭhahāno v. 278 (von uṭṭhahati, W. sthā).

Auf einer Verstümmelung beruht die Form: sampajāno (statt *sampajānāno) vom Praes. jānāti, Dh. v. 293; zu vergleichen ist der Opt. niccheyya vom Praes. nicchināti.

Interessant ist die Neubildung samāno Alw. I. 39. etc.; dem Activum santo ist mit dem Suffix -māno ein mediales Partc. nachgebildet worden, wie z. B. gacchanto ein gacchamāno neben sich hat.

Als Medialformen sind wohl die später zu erwähnenden häufigen Optative auf -etha, wie rakkhetha, zu betrachten; indessen stehen sie den activen Formen vollkommen zur Seite und gelten für das Sprachbewusstsein nicht als Medium, was sich auch deutlich genug darin zeigt, dass mediale Formen der übrigen Personen nicht existiren; wegen ihrer bequemen Form und gleichsam grösseren Ausdrucksvollheit der verstümmelten activen Form gegenüber hat sich wohl diese Medialbildung behaupten können, während die übrigen Formen des Opt. Med. zu Grunde gingen.

Als ein Medium ist, wie früher erwähnt, auch die Form des Futurum 1ster Person auf -aṁ zu betrachten, wie bhavissaṁ Dh. p. 89.

Ausserdem giebt es noch einige wenige Medialformen des Praeteritums.

Das Absterben des Medium ist wohl zunächst dadurch bewirkt, dass die Endung -te der 3ten Pers. sich abschwächte und mit der Endung des Activs zusammenfiel, weshalb auch das Passivum fast überall die active Endung trägt, andererseits aber auch, weil die besondere Bedeutungsnuance desselben eine zu geringe geworden war, als dass es sich auf die Dauer neben dem Activ hätte behaupten können.

Im Gebrauche der drei Praeterita erreichte das Sanskrit bei weitem nicht den feinen Bedeutungsunterschied, der sich in der griechischen Sprache entwickelt hat; besonders hat das Perfectum, welches in den Veden nicht selten die vollendete Handlung bezeichnet, in der klassischen Sprache diesen Character ganz verloren. Der Sprache, welche sich in ihrer späteren Entwickelung immer mehr auf das nöthigste beschränkt, musste der Besitz von drei gleichbezeichnenden Ausdrücken ebenso überflüssig erscheinen, wie der Dualis neben dem Pluralis, das Medium neben dem Passivum. Es gewann deshalb der Aorist, dessen Gebrauch auch im späteren Sanskr. immer überwiegender wird, die Oberhand, und die beiden übrigen Praeterita gingen allmählig verloren.

Die wenigen Imperfecta, die noch geblieben, sind nur höchst uneigentlich solche: sie haben nicht allein die vollständige Geltung eines Aorists, wie in dem Ausdrucke: mā evam avaca, Pāt. 15 (Impf. von der W. vac), sondern sie erhalten auch die Endungen des Aorists. Solche Reste eines Imperfects sind: avacā, avaca Pāt. 15, Alw. 1, 7, 1ste Pers. avacaṁ Dh. p. 242, wie von einem Praesens *vacati gebildet, neben dem Aor. avoca; abravi Mah. 110 = sanskr. abravīt; ajāyatha (3. Pers. Sing. Pass.) Mah. 24 = ajayata; abhavā (Child.) = abhavat; dagegen zeigen die Formen der übrigen Personen ganz die aoristischen, durch die sigmatische Bildung beeinflussten Endungen, z. B. avacuttha (2. Pers. Pl.) Pāt. 14, abhavattha (Child.). Das Praeteritum des Verbum subst. wird ganz als ein Aorist behandelt, wovon später.

Selbst das Perfectum wird in seinen wenigen Resten als ein Aorist flectirt, z. B. 3. Plur. āhaṁsu Jāt. 1. 121, von āha, wie adaṁsu von adā.

Die auch im classischen Sanskrit fast nie vorkommenden Precativformen sind im Pāli nicht nachzuweisen; höchstens haben sie vielleicht einigen Einfluss auf die Bildung des Optativs ausgeübt, z. B. bei einer Form wie niccheyya Dh. v. 256 (W. ci, Praes. nicchināti, Simplex cināti), wo der Optativ von der Wurzel gebildet ist; hier bietet der sanskr. Precativ cīyāt einen Anhaltspunkt; dasselbe könnte auch vom Opt. jeyya (W. ji), Dh. v. 103, gelten; das Praesens lautet aber jayati, was zu jeti contrahirt wird, und der Opt. jeyya verhält sich dann zu diesem wie sārapeyya Dh. p. 291 zu sārapeti.

Wie der Precativ neben dem Optativ überflüssig war, so musste auch das im Sanskr. allmählig weniger gebräuchliche Participialfuturum abhanden kommen, und das sigmatische Futurum alleinherschend werden.

---

3. Abweichungen in Bezug auf die Classenunterschiede.

Uebergang in eine andere Classe findet vielfach Statt, besonders in die erste, welche schon durch die Menge der dahin gehörenden Verba die übrigen beeinflussen musste. Es wirkt zu diesem

Uebergange erstens die Abneigung gegen Consonantenconflict; die ohnehin wenigen Verba, welche die Personalendungen unmittelbar mit der consonantisch ausgehenden Wurzel verbinden, mussten diese unbequeme Bildungsweise aufgeben und den thematischen Vocal annehmen, ganz in derselben Weise, wie die consonantischen Nominalthemata durch Stammerweiterung in die vocalische Flexion übertreten.

Daneben werden auch Vertauschungen herbeigeführt durch die Aehnlichkeit des thematischen Vocals zweier Classen, wie z. B. jānāti und carati sich nur durch die Quantität des Vocals unterscheiden.

Die vocalisch ausgehenden Wurzeln der zweiten Classe boten keine lautliche Schwierigkeit und haben deshalb ihre ursprüngliche Flexion behalten: z. B. seti Dh. v. 54, pl. senti v. 156 (W. çī); daneben findet sich auch sayati nach der 1ste Classe, wohl durch die Analogie der Doppelformen wie nayati neti, jayati jeti etc. veranlasst; Partc. sayamāno Att. 218; nāhāyati Dh. p. 105 entspricht sanskr. snāyati (neben snāti), mit Verhauchung des *s* und Metathesis, aus einem *hnāyati; dem sanskr. snāti entspricht nahātvā Dh. p. 352; ebenso kommt vor nibbāyati Alw. 1, 37 neben nibbāti, wie sanskr. nirvāyati neben nirvāti.

Die consonantisch ausgehenden Wrzeln gehen in die thematische Conjugation über: payirupāsati Dh. v. 64 (skr. paryupāste); jāgarati (jāgaramāno Dh. v. 226), jaggati Dh. p. 201. 300 (skr. jāgarti), Opt. patijaggeyya v. 157; samīrati v. 81 (skr. īrte); vidati (skr. vetti); ravati F. Jāt. 15 (skr. rāuti, ravīti); lehati (Child.) von der W. lih; dohati Sen. 335, duhati 333 (skr. dugdhe); hananti (Sing. hanti) Dh. v. 355, Opt. haneyya v. 129; vissasati (Opt. vissase Att. 194), skr. viçvasiti; rodati Dh. p. 404, skr. roditi; anati (Child.), skr. aniti; anusāsati Dh. v. 159, skr. çāsti, aber episch auch çāsati.

Zur 9ten Classe gehört mināti Dh. p. 380, gegen sanskr. māti; es muss wohl auch im Sanskr. eine solche Nebenform bestanden haben. Die Verba der 7ten Classe sind mit der Stammform der sogenannten schwächeren Formen sämmtlich in die 1ste Classe aufgegangen, indem sich nach der Pluralform der 3ten Person, wie yuñjanti, ein entsprechender Singularis yuñjati bildete. In Bezug auf die volle Stammform stimmt also diesas yuñjati ganz mit dem lat. jungo. So entstehen also: Praesens: bhuñjati Dh. v. 324; bhindati Dh. p. 156; hiṁsati Dh. v. 131. 270; rundhati, chindati Sen. 439; Imperativ: ucchinda Dh. v. 285, chindatha v. 283; Optativ: bhuñjeyya v. 307, bhuñjetha v. 70; yuñjetha v. 27; chinde v. 370.

Uebergang von Verben der 5ten Classe in die 1ste findet Statt bei: santharati Dh. p. 118; attharati Dh. p. 315, sanskr. āstṛṇoti; vivarati (vṛṇoti) Jāt. 8.

Opt. kare Dh. v. 42, kareyya F. Jāt. 2 entsprechen einem Praesens *karati.

Wie auch im Sanskr. ein Verbum nicht selten zwischen der 5ten und der 9ten Classe schwankt, so ist dies im Pāli in noch höherem Grade der Fall. So kommt neben vuṇoti auch vuṇāti vor; sanskr. vṛṇoti, vṛṇāti, und ausserdem noch: pāpuṇati F. Jāt. 18, neben dem erwähnten pāpuṇoti; sakkuṇāti Dh. p. 101, neben sakkoti; interessant ist hier der Doppelconsonant, der trotz des eingeschobenen Vocals doch aus sakkoti mit hinübergekommen ist; suṇāmi Dh. p. 359, suṇāti p. 203, suṇāhi Dh. p. 97, 3. Pers.: suṇātu Kamm. 3, sanskr. çṛṇoti; munāti Dh. v. 269, sanskr. manoti, mit Uebergang von *a* in *u* (cfr. skr. muni von der W. man); cināti Dh. p. 209, skr. cinoti; dhunāti Alw. 1. 20, skr. dhunoti; musati Ras. 32 geht wohl zurück auf skr. mūṣati neben muṣṇāti. Aus badhnāti ist bandhati geworden wie aus yunakti yuñjati.

Da die Verba der 9ten Classe nachdem die Schwächung der Silbe nā zu nī nicht mehr stattfand, sich nur durch die Länge des *a* von denen der 1sten Classe unterscheiden, war es ganz natürlich, dass sie vielfach mit diesen verwechselt wurden, indem das ā seine Länge verlor. Diese Kürzung des ā, welche im Jainaprākrit durchgehend ist, findet bei dem Praesens im Pāli hauptsächlich dann Statt, wenn das Verbum mit einer Praeposition zusammengesetzt wird, und hat wohl ihren Grund darin, dass der Accent bei der Zusammensetzung der Silbe nā entzogen wurde.

So finden wir neben cināti: ācināti, vinicchināti Dh. p. 377, upacināti; pahināti (Child.), skr. prahināti. Doch bisweilen auch bei dem Simplex: gaṇhāsi (2 P.) Dh. p. 160.

Demgemäss fallen diese Verba in der übrigen Flexion vielfach mit denen der 1sten Classe zusammen, ganz wie griech. κάμνω, τέμνω, lat. cerno: Opt.: jine (Praes. jināti) Dh. v. 103. 223, jineyya Dh. p. 286; jānemu (1. Pers. Pl.) Dh. p. 96, jāneyya Ras. 21, 1. P. jāneyyaṁ Dh. p. 212, (Praes. jānāti); pāpuṇe Dh. v. 138; sakkuṇeyya Dh. p. 295, 1ste Pers. sakkuneyyaṁ Dh. p. 215; pahiṇeyya Pāt. 83 von pahiṇāti, pahināti, 3 Plur. pahiṇeyyuṁ Dh. p. 216. Imperativ: gaṇha Dh. p. 193, pl. gaṇhatha Dh. p. 188. Auch bei den Verben der 3ten Classe finden solche Verwechselungen Statt: Praes. pajahāti Das. Jāt. 43 (skr. prajahāti), Opt. jahe Dh. v. 221. 370, vippajaheyya Dh. v. 221, 1ste Pers. jaheyyaṁ Jāt. 152; dadeyya Kh. 12. Praes. dadāti.

Zwei höchst sonderbare Formen sind pārupati und pāpurati, die erste sehr häufig z. B. Dh. p. 114. 204; ein der anderen entsprechendes Subst. ist pāpuraṇaṁ Dh. p. 290. Es kann keinem Zweifel unterliegen, dass die Form pāpurati, trotz der wesentlichen Veränderungen dem skr. prāvṛṇoti, prāvarati entspricht, und zwar durch eine Zwischenstufe *pāvarati, was zwar nicht vorkommt, dagegen findet sich ein Subst.: pāvāro. Für den Uebergang des *v* in *p* bringt Childers mehrere Beispiele herbei, wie palāpa, skr. palāva, das *a* ist unter dem Einflusse des Labialen zu *u* verdunkelt worden, und aus pāpurati ist wiederum durch Metathesis pārupati geworden, wodurch gewissermaassen eine Dissimilation erreicht ist. — In gleicher Weise ist aus dem sanskr. avāvaraṇa avāpuraṇaṁ (Ab. 222) geworden; avāpurati F. Jāt. 29.

4. Uebergreifen des Praesensstammes.

Bei der Neigung des Pāli, wie jeder neueren Sprache, die häufigsten Erscheinungen als maassgebend gelten zu lassen, war es natürlich, dass der so viel vertretene Praesensstamm, nachdem das ursprüngliche Verhältniss der Bildungen dem sprachlichen Bewusstsein entschwunden war, seinen Bereich auf Kosten des Verbalstammes erweiterte. Für den feineren Bedeutungsunterschied, welchen die erweiterte and die einfache Wurzel gewähren, war die Sprache abgestumpft worden; in der Bildung der Tempora wurden die verschiedenen antretenden Endungen das allein maassgebende, und diese schlossen sich am natürlichsten der Wurzel in ihrer häufigsten Erscheinungsform an. Daneben wirkt auch das Streben nach Deutlichkeit, welches immer desto mehr hervortritt, je mehr die Sprache das Gefühl für die Herkunft der Bildungen eingebüsst hat: eine Form wie z. B. sossati stellt sich in ihrer Zusammengehörigkeit mit suṇāti nicht so klar heraus, wie das aus diesem gebildete suṇissati. — In dieser Beziehung stimmen vielfach sowohl das Lateinische durch Formen wie pinxit, junxit, junctum etc., wie auch das Griech. besonders im sogenannten schwachen Aorist, wie ἔδειξα, ἔπεισα. Für das Pāli wirkte vielleicht auch der Umstand, dass im sigmatischen Aorist, wo diese Erscheinung am häufigsten ist, vielfach im Sanskr. der Verbalstamm durch die Steigerung des Wurzelvocals gewissermaassen das Aussehen des Praesensstammes gewonnen hat, wie çocati, Aor. açocīt, im Pāli: socati, asoci; bhodati, abhodīt, im Pāli: bodhati, abodhi; in der späteren Entwickelung der Sprache, wo der Unterschied der beiden Steigerungen nicht mehr klar war, lag es denn nahe, z. B. aus nayati ein anayi zu bilden.

Die häufigste Aoristbildung dieser Art ist die, wo einfach in der 3ten Pers. Sing. ein *i* dem Praesensstamme angefügt wird. Dass die ursprünglich sigmatische Natur dieser Bildung dem Sprachbewusstsein entschwunden war, zeigt die Bildung der 1sten Pers. Sing., wo einfach ein ṁ der Form der 3ten Pers. angefügt wird.

Der 3ten Pers. arodi entspricht also als erste Pers. nicht

etwa arodisaṁ, sondern: arodiṁ; an diesem *i* und dem Augment haftete der Begriff der Vergangenheit, und wenn das ursprüngliche *s* sich zeigt in der Consonantenverdoppelung bei den mit *t* anfangenden Endungen und als *h* in der 1sten Pers. Plur., so ist die Herkunft dieser Verdoppelung und der Endung -mha dermaassen vergessen, dass sie sich finden in Fällen, wo kein *s* ursprünglich da war.

Solche Bildungen mit *i* sind z. B.: nayi (nī) Mah. 235; abhirūhi Jāt. 112 (Praes. rūhati Dh. v. 338); rāvi Jāt. 112, F. Jāt. 15. 49 (Praes. ravati), dagegen ist arāvi Mah. 64 ein regelmässiger Aorist, dem sanskr. arāvīt entsprechend; mā bhāyi (Praes. bhāyati) Dh. p. 155; amari, mari (Pr. marati) F. Jāt. 16. 57; abhavi Mah. 150 (Pr. bhavati); alabhi, labhi Mah. 31, Dh. 162; phali Jāt. 113 (nach Childers auch apphali, wonach das Wort dem sanskr. sphal, sphul und nicht phal, wie Childers meint, gleichkommt; bandhi Dh. p. 291 (Praes. bandhati, skr. badhnāti); khipi Jāt. 135 (kṣip); yāci Jāt. 1. 140; pakkosi Jāt. 112 (pra-kruç; regelmässiger Aorist: akkocchi); ācikkhi Jāt. 127, Praes. ācikkhati; sikkhi Jāt. 162, Praes. sikkhati, skr. çikṣate; mā āsankhi (2. Pers.) Jāt. 164 (çañkate); mā gilī Dh. v. 371 (Praes. gilati, skr. Aor. agārīt) hat noch den langen Vocal der Endung bewahrt; hasi, rodi (2. Pers.) Jāt. 166 sind vielleicht als regelmässige Aoriste zu betrachten (skr. ahasīs, arodīs); agacchi Sen. 449, mā samāgacchi (3. Pers.) Dh. v. 210 (zwei Hdskr. haben hier samāgañchi, eine sehr gewöhnliche, wohl fehlerhafte Schreibweise, so auch: uggañchi Jāt. 109. 113); passi, apassi Ten. Jāt. 112, F. Jāt. 46, Praes. passati (skr. paçyati); sampaṭicchi Jāt. 120. 150; nisīdi Dh. p. 98; pivi, apivi (pivati), Dh. p. 158, F. Jāt. 46; — bhuñji Mah. 136; mā bhañji (3. Pers.) Dh. v. 337; chindi Jāt. 167; — amaññi, maññi Dh. p. 315 Mah. 237; mā pamajji (pra-mad) Dh. p. 207. 212; vijāyi (trans.) Dh. p. 216 Jāt. 127; — ahani, hani Sen. 502 (cfr. Praes. Plur. hananti); — agaṇhi, gaṇhi Dh. p. 137 (Praes. gaṇhāti); ajini Dh. v. 3 (jināti); jāni Mah. 165 (jānāti); pahiṇi Dh. p. 162; suṇi (suṇāti) Ten. Jāt. 114; sakkuṇi (sakkuṇāti) Mah. 48; pāpuṇi Jāt. 108. 111. 151; vinicchini (vinicchināti) Dh. p. 220; — pajahi (jahāti) Ten. Jāt. 119, Jāt. 8.

1ste Pers. Sing. pāpuṇiṁ, hasiṁ, rodiṁ Jāt. 167.

2. Pers. Sing. (wahrscheinlich) mā āsaṅkittha Jāt. 151.

1ste Pers. Plur. sarimha (für *sarisma), Praes. sarati, Dh. p. 188; labhimha, vicariṁha Dh. p. 236.

2. Pers. Plur. gaṇhittha Dh. p. 137; mā socittha Dh. p. 221; mā dadittha (vereinzelt) Dh. p. 238, einem Sing. 3ter Pers. dadi entsprechend, vom Praes. dadāti.

3. Pers. Plur. pakkămiṁsu Dh. p. 192 (pra-kram; regelmässiger Aorist pakkāmi); pidahiṁsu Jāt. 158 vom Praes. pidahati, Nebenform zu pidadhāti; otariṁsu Jāt. 144; bhamiṁsu Dh. p. 315, Praes. bhamati (bhram); parakkhipiṁsu Jāt. 180; kīliṁsu Jāt. 146, Praes. kīlati, sanskr. (krīḍati), passiṁsu Dh. p. 233; nipajjiṁsu Jāt. 108; gaṇhiṁsu Dh. p. 109.

Die Nasalirung des Vocals vor dem *s* ist eine Eigenthümlichkeit des Pāli, wie auch des Prākrit. Hier durchgehend, fehlt es auch sonst nicht an Beispielen ähnlicher Erscheinung: bhiṁsana, skr. bhīṣaṇa, caus. bhiṁsāpeti etc.; siriṁsapo Jāt. 93, skr. sarīsṛpa; indessen ist in diesen Fällen der Vocal lang gewesen. Bei dem Aorist hat vielleicht der an die Stelle des letzten *s* der Endung -sus getretene Anusvāra dazu mitgewirkt; mit einer Art von Epenthese ist also z. B. aus *gaṇhisuṁ gaṇhiṁsu entstanden.

Im Dh. sind diese Neubildungen noch verhältnissmässig spärlich vorhanden; es hat deren 5 gegen 14 dem Sanskr. entsprechende Aoriste.

Merkwürdig sind einige solche Bildungen von vocalisch auslautenden Wurzeln der 2ten Classe. Da die Wurzel dabei auf ihren Anlaut reducirt wird, können sie nur bei componirten Verben stattfinden: abhinimmi Dh. p. 315 vom Praes. abhinimmāti (skr. abhinirmāti) neben abhinimmināti; nimimhase (1. Pers. Pl. Med.) Dh. p. 417, wo aber die Lesart unsicher ist, entspricht wohl ebenso einem Praes. nimāti (ni-mā); samiṁsu (3. Pl.) Jāt. 29 vom Praes. sameti (W. i); pāyiṁsu Dh. p. 352, Praes. payāti (daneben 3. Pers. Sing. Aor. pāyāsi).

Von den Causativen, bei denen diese Bildung nicht so häufig vertreten ist wie die folgende, werden z. B. gebildet: mā nivattayi, mā cintayi (2. Pers.) Jāt. 159; 1ste Pers. Plur. ārocayimha Dh. p. 206; 3. Pers. Pl. mantayiṁsu Dh. p. 188 (mantrayati); ārocayiṁsu Dh. p. 219; Medium 3. Pers. Sing. pasārayittha (Caus. der W. sṛ) Jāt. 135.

Hier stützt sich das Pāli auf das Sanskr., wo selbst in älteren Texten Aoristbildungen dieser Art von den Verben der 10ten Classe bisweilen vorkommen, wie in der Kaush. Up. 4, 3: mā saṁvādayiṣṭhās.

Die zweite Bildungsweise des Aorists, mit der Endung -si, sanskr. -sīt, ist die gebräuchlichste bei den abgeleiteten Verben. Es ist hier interessant zu beobachten, wie das Pāli und das Griech. in dieser Beziehung denselben Weg verfolgt haben: auch im Griech. gewinnt ja der sigmatische Aorist allmählig die Oberhand, und zwar sind es auch hier hauptsächlich die Denominative, welche dieser Bildung bequem sind.

Beispiele solcher Aoriste sind: ahosi (die bei weitem gewöhnlichste Aoristform von bhavati), pātur-ahosi Dh. p. 204. Diese Form muss durch Contraction aus *abhavasi-*ahavasi entstanden sein, wie der Plur. ahesuṁ (z. B. Dh. p. 79) entschieden aus *ahavisus-*ahaïsus hervorgeht. Zwar giebt es im Gāthā-Dialekt einen Aor. abhūshi, der auf die Entstehung des ahosi aus einem *abhāuṣīt hindeuten könnte, aber der Plur. ahesuṁ lässt sich nicht von ahosi trennen; aṭṭhāsi (der gewöhnlichste Aor. vom Verb. tiṭṭhati, aus einer seltenern Nebenform ṭhāti hervorgegangen) Dh. p. 194. 231 Jāt. 109 entspricht der Form nach ganz dem griech. ἔστησα; pāyāsi Dh. p. 162. 194. 335; demgemäss auch: adāsi Dh. p. 107, obgleich es kein Praes. dāti giebt.

Von den Causativen kommt diese Bildung unzählige Mal. vor: patiṭṭhāpesi Jāt. 138; cintesi (ibid.); udānesi (W. an) Jāt.

141; paṭicchāpesi Jāt. 159; samassāsesi Jāt. 164 (Caus. d. W. çvas) etc.

1. Pers. Sing.: cintesiṁ Dh. p. 206.

3. Pers. Plur.: ārocesuṁ Dh. p. 162; cintesuṁ Jāt. 149, khepesuṁ Dh. p. 129, (Caus. der W. kṣip). Durch den Uebergang von aya in *e* entsteht hier zufällig lautliche Gleichheit mit den griechischen Aoristen, wie ἐλύπησα.

Fast ebenso häufig wird das Futurum aus dem Praesensstamme gebildet. Beispiele sind: visahissati Dh. p. 187 (sahati); labhissati Dh. p. 121. 129; vasissāmi Dh. v. 286 (vasati; sanskr. Fut. vatsyati); ācikkhissāma Dh. p. 205; ārohissati Mah. 40; pivissati (pivati) Mah. 246; pucchissāmi (pucchati, W. prach) Dh. p. 185; āgacchissati Dh. p. 84; passissati Dh. p. 88. 89, passissatha (2 Pl.) Dh. p. 192; — paṭivijjhissati Dh. p. 123 (vijjhati = vidhyati); maññissati Alw. N. 23; samijjhissati Dh. p. 134 (samijjhati = samṛdhyati); nahāyissāmi Dh. p. 233 (nahāyati, W. snā); parinibbāyissati Dh. 233 (nibbāyati, W. nir-vā); vinassissati Jāt. 108 (vinassati, sanskr. naçyati). — pajahissati Dh. p. 311 (pajahāti); — bhindissāmi Dh. p. 118; — jānissati Dh. p. 82. 141 (jānati); pahiṇissati Dh. 84 (pahiṇāti); vijinissati Dh. p. 209 (jināti); gaṇhissāmi F. Jāt. 5; pāpuṇissati Dh. p. 101. 156; suṇissāmi Anecd. 17, Jāt. 129.

Höchst eigenthümliche Bildungen sind paridadhassati Dh. p. 115 (das paridahessati des Dh. v. 9 wiedergebend) aus dem Praes. dadhāti gebildet (wie homer διδώσω), obgleich dieses in Zusammensetzungen nicht vorkommt (bei dieser Bildung hat wohl das regelmässige dhāsyati einen Einfluss ausgeübt, da man sonst dadhissati erwartete), und sambhossāma Mah. 28 aus dem Praes. sambhoti = sambhavati.

Solcher aus dem Praesensstamme hervorgegangenen Futura hat das Dh. nur 2 gegen 21 dem Sanskr. entsprechende.

Dem Futurum entsprechend kommen auch einige Conditionalformen dieser Art vor: alabhissa Dh. p. 292; agacchissa Sen. 465.

Auch die Verbalnomina werden vielfach vom Praesensstamme gebildet.

Gerundium auf tvā: das Dh. hat nur ein Beispiel: pamajjitvā v. 172; in späteren Texten aber ist diese Bildung überaus häufig. Beispiele sind: saritvā (sarati = smarati) Dh. p. 222; abhitvā Dh. p. 160; bhavitvā Mah. 18; avattharitvā (skr. Praes. avastṛṇoti) Jāt. 61; parikkhipitvā Dh. p. 158; parimadditvā (skr. mṛdnāti, mardati) Dh. p. 121; saṁharitvā Dh. p. 108; vikiritvā Dh. p. 135; pavisitvā F. Jāt. 12; pivitvā (pivati) Dh. p. 357 (das pitvā des Dh. v. 37 wiedergebend); phusitvā (spṛç) Dh. p. 254; pucchitvā (prach) Dh. p. 277; passitvā Dh. p. 223; — nahāyitvā Dh. p. 204; samādiyitvā (dā) Jāt. 53; ubbhijjitvā (bhid) Jāt. 51; virajjhitvā (rādh) F. Jāt. 10; — jahitvā Dh. p. 85. 333 (jahāti); daditvā (Child.) von dadāti; — jānitvā Dh. p. 85. 379; gaṇhitvā F. Jāt. 4; āvuṇitvā F. Jāt. 53 (āvuṇati = āvṛṇoti); paṭisuṇitvā Dh. p. 231; vicchinitvā Dh. p. 378.

Auch mit dem Suffix tvāna: passitvāna Mah. 165; jahitvāna Dh. p. 215; suṇitvāna Das. Jāt. 33; jinitvāna Dh. p. 286.

Auch einige Gerundia auf ya dieser Art kommen vor: parimajjiya Mah. 112 vom Praes. parimajjati, skr. marjati; pasīdiya Mah. 24 vom Praes. pāsīdati (pra-sad), während nisīdati regelmässig nisajja (skr. nisadya) bildet Mah. 167. Ferner: pucchiya (Praes. pucchati) Mah. 244; sumariya (sumarati, skr. smarati) Mah. 20; vimuñciya Mah. 167.

So wird vielfach auch der Infinitiv gebildet: sahitum Dh. p. 170, skr. soḍhum; pavisituṁ F. Jāt. 12 (viç); vikirituṁ Dh. p. 182; passitum Dh. fl. 375. 243, neben daṭṭhuṁ p. 243; paribhuñjituṁ Dh. p. 151, neben bhottuṁ Alw. 1. 40; jānituṁ Dh. p. 188. 282, neben ñātuṁ Mah. 260; jinituṁ Sen. 521, neben jetuṁ Ab. 808; gaṇhituṁ Dh. p. 101; pāpuṇituṁ Dh. p. 158, neben pattuṁ Dh. p. 195. 210.

Die Weiterführung des Praesensstammes in diesen Bildungen stellte sich um so leichter ein, weil die Verba der 10ten Classe im Sanskr. diese Formen aus dem Praesensstamme bilden, wie corayitvā, corayitum, Pāli: coretvā, coretuṁ; mitgewirkt hat die im Sanskr. in vielen Fällen eingetretene Steigerung, wie bhavitum, roditum, Pāli: bhavituṁ, rodituṁ, welche Formen für das stumpfere Sprachgefühl durch die Steigerung den Schein erhalten konnten, als ob sie aus dem Praesenstamme hervorgegangen wären.

Von den Gerundiven auf tabbo: parijānitabbo Dh. p. 151; paṭivijjhitabbaṁ Dh. p. 259 vom Praes. vijjhati (W. vyadh); pariyāpuṇitabbo Alw. N. 23 (pari-āp); nisīditabbaṁ Dh. p. 104; bhuñjitabbaṁ, nipajjitabbaṁ Dh. p. 239.

Participia perfecti auf to dieser Art sind: pucchito Dh. p. 291, neben puṭṭho (skr. pṛṣta) Pāl. 10; ramito Dh. v. 305, neben dem gewöhnlichen rato, Praes. ramati; indessen kommt auch ein Praes. ramayati („sich freuen") vor, Dh. p. 215: ramayanti, fut. ramessati Dh. v. 99; vasito neben dem gewöhnlichen vuttho und uttho Sen. 493 (W. vas); muñcito (Ch.) gewöhnlich mutto; vijahito Dh. p. 193 neben vihīno Dh. p. 146.

Ueberhäupt ist diese Umbildung der Verbalnomina ausser dem Gerundium auf tvā selten und als die letzte Entartung der Sprache zu betrachten.

Auch die Causativform geht bisweilen in Folge falscher Analogie aus dem Praesenstamme hervor, wie es scheint aber nur die neuere Bildung mit *p*: gacchāpeti, bhuñjāpeti, muñcāpeti, jahāpeti finden sich bei Childers aufgeführt; nipajjāpetvā Dh. p. 215 (pad); jānāpeti F. Jāt. 47, Fut. jānāpessāmi Dh. p. 139, jānāpetuṁ Dh. p. 189 (gewöhnliche Form ñāpeti); gaṇhāpento (Partc. praes.) F. Jāt. 6, Aor. uggaṇhāpesi Dh. p. 318 (gewöhnlich: gāheti, gāhāpeti); suṇāpito Dh. p. 106 (partc. von suṇāpeti Caus. des suṇati), daneben regelmässig: sāveti Das. Jāt. 4; Caus. von Desiderativum: tikicchāpeti Dh. p. 215 (cikits).

Seltener findet sich der active Praesensstamm auch im Praesens des Passivs. Beispiele sind: gacchīyati Alw. I. 18. 29 (die gewöhnliche Form ist gamyati); āhariyati Dh. p. 217, skr.

āhriyate, vohariyati Bāl. 1 (vyava-); vikiriyati Alw. 1. 114, skr. vikīryate; vasīyati neben vussati Alw. 1. 36, skr. uṣyate; anuyuñjiyamāno Pāl. 68, gewöhnlich: yujjati.

Durch das Durchgreifen des passiven Praesensstammes durch alle Bildungen des Passivs hat die Sprache in Bezug auf Bequemlichkeit und Deutlichkeit einen grossen Vorzug vor dem Sanskrit erreicht, indem sie dadurch vermag das Passivum vom Activ in der Form zu unterscheiden, nicht allein in den allgemeinen Tempora, wie Futurum, wo dies in Folge des Schwindens der medialen Endungen um so nöthiger war, sondern auch im Gerundium und Infinitiv, wo das Sanskrit jeder Bezeichnung des Passivs entbehrte.

So werden erstens Aoriste in grosser Menge von dem Praesensstamme gebildet. Hier war auch aus praktischen Rücksichten eine Neubildung erforderlich, indem die ursprünglichen Passivaoriste, die noch in einigen Resten vorhanden sind, wie ajani, apādi, sich der Form nach in der 3ten Pers. Sing. nicht mehr vom activen Aoriste unterscheiden, nachdem im letzteren die Endung -īt zu i abgeschwächt worden ist.

Beispiele dieser Bildung sind: paṭihaññi Jāt. 108, Praes. haññati, skr. hanyate; bajjhi Jāt. 159, Praes. bajjhati, skr. badhyate; pabujjhi Ten. Jāt. 113 (budh); chijjiṁsu (chid) Dh. p. 340; mucciṁsu F. Jāt. 46; paripūri Dh. p. 97, Praes. paripūrati, skr. paripūryate; ohiyi (ava-hā) Dh. p. 215. 458 (an beiden Stellen mit Kürze des *i*, was wohl fehlerhaft ist); paññāyi Dh. p. 328 (pra-jñā); jāyi Mah. 119, vom passivem Praesens jāyati (cfr. jāyi Act. S. 72).

Eine Form wie antaradhāyi Dh. p. 98 entspricht auch lautlich dem Sanskr. (adhāyi), wo vielleicht der Ausgang yi eine Abschwächung der Silbe ya ist, und somit könnte das Sanskr. in solchen Formen einen Rest der früheren Bildung bewahrt haben, indem es wohl wahrscheinlich ist, dass einst das Passivelement ya durch alle Formen des Passivs ging; jedenfalls können solche Formen zum Uebergreifen des Praesensstammes im passiven Aorist mitgewirkt haben: einer Form wie adhāyi bildete sich leicht das lautlich ähnliche ajāyi nach.

Daneben kommen mehrere solche Aoriste mit medialer Endung vor: dīyittha (3. Sing.) Dh. p. 237, einem *adīyiṣṭa entsprechend, Praes. dīyati (dā); putto paññāyittha („wurde genannt") Dh. p. 93, Praes. paññāyati, daneben paññāyi in gleicher Bedeutung; kariyittha Sen. 502 vom Praes. kariyati.

Beispiele eines Futurums dieser Bildung sind: muccissati Dh. p. 200. 227. 295 neben dem regelmässigen mokkhati Dh. v. 37. 276, skr. mokṣyati; paripūrissati Dh. p. 201; paññāyissāma Dh. p. 104, 2. Pl.: paññāyissatha Dh. p. 124.

Sehr häufig ist das aus dem passiven Praesensstamme gebildete Gerundium: bhijjitvā Dh. p. 82. 211. 340, ubbhijjitvā Jāt. 51; chijjitvā Das. Jāt. 8; muccitvā Dh. p. 292; pabujjhitvā F. Jāt. 4; bajjhitvā (bandh) Dh. p. 322 etc.

Der Infinitiv kommt seiner Natur nach selten vor. Dh. p. 295: muccituṁ, sakkuṇeyya bildet ein interessantes Beispiel der syntaktischen Umgestaltung, welche die Sprache durch das Durchgreifen der besonderen passiven Bildung erfahren, — im Sanskr. würde der Ausdruck lauten: moktum çakyeta. Bei dem erstarrten sakkā (aus çakya) wird dagegen der activen Infinitiv beibehalten, z. B. Dh. p. 80: na sakkā so puretuṁ („erfüllt werden").

---

5. Weitere Wirkungen der Analogie.

Nachdem wir somit in der Durchführung des Praesensstammes durch alle Bildungen des Verbums die weitest reichende Wirkung der Analogie verfolgt haben, werden wir im Folgenden die mannigfaltigen Bildungen ähnlicher Natur zusammenstellen, wo eine häufige oder bequeme Form die ihr am nächsten stehenden beeinflusst, oder eine Endung durch ihre Geläufigkeit eine weitere Verbreitung gefunden hat.

1. Assimilation nahe stehender Formen.

Vor allem kommt hier in Betracht das Uebergreifen der sogenannten starken Form, besonders bei den Verben der 5ten (8ten) und der 9ten Classe. Wie schon erwähnt, kommen gelegentlich vor Formen wie: kubbanti, kuru, kurute, die geläufigen sind indessen solche wie: karoma Dh. p. 188, 2 Pl.: karotha Dh. p. 188. 352; 3 Plur.: karonti Dh. p. 227; sakkoma Dh. p. 215, sakkonti Dh. p. 208; suṇoma Pāt. 11.

Imperativ: karohi Dh. v. 236, Dh. p. 188. 231, 2. Plur.: karotha Sen. 436, 3. Plur. karontu Dh. p. 216; suṇohi Att. 134.

Auch im Partc. praes. kommt die starke Form vor: Nom. Sing. Masc. karonto Dh. p. 106. 186, Fem. karontī Dh. p. 246.

Im Dh. v. 116 findet sich ein Gen. karoto, wozu ein entsprechender Nominativ unmöglich ist; es hat sich diese Form aus dem vollen Praesensstamme karo- gebildet, wie z. B. der Gen. des Partc. caraṁ: carato dem Stamme cara- entspricht. — Vom Praesens sakkomi: Partc. sakkonto F. Jāt. 15. — Seltener ist die regelmässige Form kubbaṁ, skr. kurvan; Genitiv: kubbato Dh. v. 51, F. Jāt. 15.

Bei den Verben der 9ten Classe ist die schwache Form gänzlich aufgegeben; höchstens wäre noch ein Rest derselben geblieben in dem erwähnten Opt. jāniyā (S. 56).

Durch das Ueberwiegen der starken Form entstehen also die Pluralformen: jānāma Dh. p. 352, Jāt. 147, 2. Plur.: jānātha, Dh. p. 193; die 3te Plur. bleibt selbstverständlich dem Sanskr. gleich.: jānanti.

Imperativ: jānāhi Dh .v. 248, Dh. p. 250; suṇāhi Dh. p. 97. 186; gaṇhāhi Dh. p. 85. 247: 2. Plur.: suṇātha Dh. p. 89 etc.

Ebenso sind die schwachen Formen des Verbum eti den stärkeren gewichen: Imperativ 2. Plur. etha Dh. v. 171, Sing. ehi. Unmöglich ist es indessen nicht, dass das *e* dieser Formen ursprünglich durch Zusammensetzung mit der Praep. ā entstanden ist, wie auch im Sanskr. ehi häufiger vorkommt als ihi.

Auch ein Verbum der 3ten Classe bietet Formen dieser Art:

Imper. dadāhi Sen. 269 (gewöhnlich dehi, z. B. Dh. p. 193, F. Jāt. 12); Plur. dadātha Mah. 162.

Umgekehrt ist die schwächere Form überwiegend gewesen in der Bildung: dammi, eine häufige Nebenform zu dadāmi, z. B. Dh. p. 123. 129, Jāt. 127; diese Form ist wohl aber nicht erst auf dem Gebiete des Pāli entstanden, obgleich es ein sonderbarer Fall ist, dass eine so seltene (vedische und epische) Form wie das sanskr. dadmi im Pāli einen weiteren Gebrauch gefunden hat. Entstanden ist das dammi jedenfalls durch Einfluss von Formen wie datte, dadmas etc.

Was die Formen: demi Dh. p. 193, 3. Sing. deti Dh. p. 204, 1ste Pers. Plur. dema Dh. p. 129, 3. Pl. denti Dh. p. 129, Imperat. 3. Sing. detu F. Jāt. 5, 2. Plur. detha Dh. p. 231, Jāt. 112, 3. Plur. dentu Dh. p. 216, betrifft, könnte man zwar vermuthen, sie wären der Form der 2. Sing. Imperativi dehi nachgebildet; bei der grossen Verbreitung dieser Formen dem einzelnen dehi gegenüber ist dies aber nicht wahrscheinlich. Richtiger bringt sie wohl Childers mit dem sanskr. dayate in Verbindung, welches unter vielen Bedeutungen auch die des „Gebens" hat; eine solche Vermischung verwandter Verba ist wohl möglich. Dem deti hat sich dann wieder dheti (W. dhā) nachgebildet (in den Zusammensetzungen pidheti, nidheti Kh. 12).

Wie nach der 3ten Plur. yuñjanti eine Singularform yuñjati sich bildete, ist schon erwähnt. Vereinzelt zeigt sich dieselbe Erscheinung in den Formen: kubbati, kubbate (Sing.) Sen. 463. Opt. kubbetha, durch falsche Analogie von Formen wie kubbanti, skr. kurvanti, kubbaṁ, skr. kurvan etc. hervorgegangen.

In der Bildung der Aoristformen sind mehrere Nachbildungen ähnlicher Art unverkennbar.

Wie schon erwähnt, ist wohl die Form der 1sten Pers. Sing. bei den Aoristen, die den sanskritischen dritter Bildung entsprechen, eine ganz junge, durch Anfügung von ṁ der Form der 3ten Pers. Sing. nachgebildet, z. B. jāniṁ statt des zu erwartenden *janisaṁ. Denn als eine Weiterführung der schon im vedischen Skr.

stattfindenden Contraction bei den Formen: akramim, agrabhim, avadhim, kann man es, bei der geringen Verbreitung jener Formen, nicht betrachten.

Ein merkwürdiges Beispiel solcher Nachbildung, welches zeigt, wie sich die Sprache irren kann, wenn die Herkunft der Formen verdunkelt worden ist, bietet die Form: alatthaṁ (1 Pers. Sing.) Jāt. 141, aus der Form der 3ten Pers. alattha entstanden, wie jāniṁ aus jāni, ohne dass die Sprache darauf aufmerksam gewesen, dass ein der 1sten Pers. ganz fremdes Element, die Endung -ta, dadurch mitgenommen wurde. Zugleich zeigt diese Form, dass ein Unterschied zwischen Activ und Medium nicht mehr gefühlt wurde, indem alatttha 3. Pers. Med. ist, dem sanskr. alabdha entsprechend, alatthaṁ dagegen als Activ auftritt, obgleich es Kacc. (Sen. 457) für Medium ausgiebt.

Die Form ahuvā, F. Jāt. 7, kann man kaum mit Childers als ein Imperfectum betrachten, da sie, ebenso wie die Nebenform ahū, den ungesteigerten Wurzelvocal zeigt; es ist dies ein Aorist, gebildet wie agamā aus gaṁ, aber so spärliche Bildungen wie agamā, avoca etc. können hier kaum als Muster gedient haben. Vielleicht hat die freilich nicht mehr vorhandene skr. Form der 3ten Pers. Plur. abhuvan Einfluss ausgeübt. Das eine ähnliche Pluralform einmal existirte, zeigt die Gāthāform ababhūvan. — Gewiss hat auch das mit dem Aoriste verschmolzene Imperfectum bei dieser Bildung wie bei den besprochenen Formen der 1sten Pers. Sing. mitgewirkt.

Die Aoriste: agacchisi Mah. 206, Pass.: ajāyisi Mah 18. 20, antaradhāyisi Mah. 112 sind wohl auch nur so zu erklären, dass man annimmt, es sei dass *s* aus der ursprünglichen Form der 1sten Pers. hinübergekommen, obgleich diese im Pāli nicht mehr existirt; einem *agacchisaṁ wäre also agacchisi nachgebildet, eine Form die um so merkwürdiger ist, weil im Sanskr. eine Bildung wie z. B. *acāriṣīt die regelmässige wäre.

Als Nachbildungen betrachte ich endlich die eigenthümlichen Optativformen im Pāli. Hier sind die dem Sanskr. entsprechenden Formen der 3ten Pers. Plur. und 1sten Pers. Sing., wie careyyu(ṁ), careyyaṁ maassgebend gewesen; wie der 3ten Pers. Plur. avocuṁ ein Sing. avoca entspricht, so bildete sich nach careyyuṁ ein Sing. careyya.

Diese Formen sind sehr häufig, auch im Dh. Das Dh. hat: gaccheyya v. 61. 323; avekkheyya v. 50; iccheyya v. 73. 84. 88; abhinandeyya v. 75; ovadeyya v. 77; hareyya 124. 389; careyya 142. 328; seveyya 167; attikkameyya 221; rakkheyya 231. 232; anusāseyya 77. 158; pamajjeyya 168; atimaññeyya 364; kilisseyya (kliç) 158; kujjheyya (krudh) 223; bhuñjeyya 307; haneyya (han) 129; paṭijaggeyya (jāgṛ) 157; vippajaheyya (hā) 221; vijāneyya 392.

Bei den Verben der 10ten Classe tritt Contraction ein: pariyodapeyya v. 88 (Caus. v. pari — ava — dāi); niveseyya v. 282; nivāreyya Dh. p. 272, pūjeyya v. 287 (das nivāraye und pūjaje des Dh. v. 77 und 106 wiedergebend); patiṭṭhāpeyya Dh. p. 326 etc.

Wie dem Praes. pariyodapeti ein Opt. pariyodapeyya entspricht, so bildet Praes. jeti (jayati), Opt. jeyya (Dh. v. 103: jeyya-ṁ-attānaṁ; vom Comm. mit jineyya erklärt); abbheti (abhi-eti) Opt. abbheyya Pāt. 16, und dem gemäss als 1ste Pers. paṭivineyyaṁ Dh. p. 186 (paṭivi-neti) und apaneyyaṁ F. Jāt. 12.

Doch ist es immerhin möglich, wie in Bezug auf die Form niccheyya (S. 67) bemerkt, dass bei diesen Bildungen der verlorene Precativ mitgewirkt hat.

Der 3ten Pers. Sing. auf eyya entspricht wiederum die Bildung der 1sten Pers. Plur.: labheyyāma Dh. p. 107; vihareyyāma Ten Jāt. 47 (neben viharemu); ganheyyāma Dh. p. 81; vaseyyāma Dh. p. 232; bhaveyyāma p. 234 etc.

Grössere Schwierigkeiten bieten die Formen der 2ten Pers. Plur. und besonders der 2ten Pers. Sing., indem die letztere, ausser der Länge des *a*, auch noch die primäre Endung *-si* hat. Solche Formen sind z. B.: sikkheyyāsi Jāt. 162; āhareyyāsi Dh. p. 248 (āharati); āroceyyāsi (āroceti) Dh. p. 219; paṭijādeyyasi Dh. p. 226 (paṭijādeti = pratiyātayati); poseyyāsi

Jāt. 134 (poseti; W. puṣ); kareyyāsi F. Jāt. 56 (3. Pers. kare, kareyya); dadeyyāsi Dh. p. 113 (3. Pers. dadeyya, Praes. dadāti).

2. Pers. Plur.: puccheyyātha Dh. 129; nivatteyyātha Dh. p. 219 (nivattati, W. vṛt); āgaccheyyātha Dh. p. 216; vadeyyātha Dh. p. 271 (vadati oder vadeti); pahiṇeyyātha (hināti) Dh. p. 215; kareyyātha Jāt. 122.

Ohne gerade eine Doppelbildung anzunehmen, halte ich es doch für wahrscheinlich, dass die Länge des *a* in dem Einflusse der fast gänzlich verlorenen Optativbildung der 2ten Conjugation begründet ist.

Was die Endung *-si* betrifft, so findet solche Vertauschung secundärer und primärer Endung auch in anderen Fällen statt; auch hat sich wohl die Analogie der übrigen Verba mit langer Stammsilbe geltend gemacht: wie dem Plur. jānātha, karotha ein Sing. jānāsi, karosi entspricht, so verlangte z. B. kareyyātha ein kareyyāsi.

Zu erwähnen sind hier endlich noch einige Fälle, wo die Sprache sich gleichsam bestrebt gewisse Modificationen der Wurzel in den verschiedenen Formen wieder auszugleichen. So wird aus dem sanskr. ucyate im Pāli vuccati, aus ukta vutto etc.; vuccare Jāt. 129; vatvā F. Jāt. 9 (uktvā), vatvāna Dh. p. 193 haben sich dem Inf. vattuṁ angeschlossen.

Die Abschwächung der Silbe *va* zu *u* war der Sprache nicht mehr klar, und diejenigen Formen, in welchen diese Lautveränderung stattgefunden hatte, kamen den übrigen Formen derselben Wurzel dadurch wieder näher, dass ihnen ein *v* vortrat. Ebenso entspricht dem skr. uṣyate im Pāli vussati Alw. I. 36, das Partc. uṣita, uṣṭa wird zu vusito, vuttho Sen. 493, Dh. p. 339 etc., aus dem skr. upta wird vutto Ab. 796, vatto (Child.) dagegen ist eine ganz neue Bildung; uhyate wird vuyhati Att. 130, mit der gewöhnlichen Metathesis des *h*. Hierbei ist indessen zu bemerken, dass sich auch sonst eine Neigung zeigt, vor anlautendem *u* ein *v* vorklingen zu lassen, wie dies in der Form vuṭṭhahati (z. B. Dh. p. 94) = uṭṭhahati (utthā) der Fall ist.

Auf demselben Streben nach Uniformität beruhen die vom Sanskr. abweichenden Formen: ṭhatvā (z. B Dh. p. 318), sanskr. sthitvā; pass. hāyati Dh. p. 83, Impf. ahāyatha, neben dem regelmässigen hīyati Sen. 459.

So wird auch nach dem Praes. nisīdati das Partc. perf. nisinno gebildet (z. B. Dh. p. 82), gegen das sanskr. nisanna; hier hat wohl auch das *i* der Praeprosition einen assimilirenden Einfluss ausgeübt; vom Praes. pasīdati nämlich lautet das Participium regelmässig pasanno Dh. v. 2.

2. Doppelbildungen und neue Praesensstämme.

Auch das Verbum bietet einige Beispiele von Doppelbildungen, solche Fälle nämlich, wo eine verdunkelte Form gleichsam aufgefrischt oder verdeutlicht wird, dadurch dass an die durch Consonantenassimilation afficirte Endung diese noch einmal in ihrer reinen Gestalt antritt.

Ein eclatantes Beispiel solcher Bildung ist: paricchijjiyamāno Dh. p. 89; an die fertige Passivform paricchijjati, skr. paricchidyate trat hier zum zweiten Mal das Passivzeichen ya, das in der Assimilation verdunkelt worden war.

Gleicher Art ist der Opt. dajjeyya Alw. I. 138. Dem Sanskr. entsprechend ist dajjā (skr. dadyāt); diese Form wird nun gleichsam umgegossen, indem die geläufige Optativendung -eyya noch angefügt wird.

Eine solche Bildung sehe ich auch im Aoriste agamāsi Dh. p. 212. 240. 246. 255, Jāt. 111 etc.; die seltene Aoristform agamā wurde durch Hinzufügung der häufigen Endung *-si* mit einer grossen Anzahl anderer Aoriste auf gleiche Stufe gestellt: als Muster dienten dabei Formen wie: aṭṭhāsi, akāsi, adāsi etc.

Als Doppelbildungen betrachtet Childers einige eigenthümliche Futurformen: dakkhissati Alw. I. 93, 2 Plur. dakkhissatha Dh. p. 84, neben den erwähnten regelmässigen Formen dakkhati

Sen. 448, 2. Pers. dakkhisi F. Jāt. 23, sanskr. drakṣyati; dakkhissati in Sanskritlaute umgesetzt würde ein drakṣyiṣati ergeben; ferner: sakkhissati Dh. p. 84, 248, 2. Pers.: sakkhissasi Dh. p. 89. 235, 1. Pl. sakkhissāma Dh. p. 212 etc., Conditionalis: asakkhissa Dh. p. 292, neben der regelmässigen Form sakkhiti, welche nach Childers in der Sadda Nīti und im Dhaniya Sutta vorkommt; sukkhissati Dh. p. 234 (ein zu Grund liegendes *sukkhiti, sukkhati, dem sanskr. çokṣyati von der W. çuc entsprechend, ist nicht nachgewiesen) und hehissati Sen. 451, aus dem oben (S. 58) besprochenen Futur hehiti weiter gebildet.

Prof. Weber dagegen (Ind. Stud. Bd. 14), sieht in den beiden ersteren dieser Bildungen Desiderative, den sanskr. Wurzeln dṛkṣ und çikṣ entsprechend. Dafür spricht der Umstand, dass dakkh oder dekkh von der ältesten Zeit an im Prākrit als Wurzel vorkommt; andererseits aber könnte, wie Childers beweist, aus einem dṛkṣ im Pāli nicht dakkh, sondern nur dikkh werden, was wohl entscheidend ist. Die Wurzel çak musste also zwei Desiderativformen gebildet haben, einerseits das dem sanskr. çikṣ entsprechende sikkhati, andererseits ein vollkommen neues sakkh. Dass die über ganz Indien verbreitete Wurzel dakkh, dekkh nicht vom Futurum dakkhissati hervorgegangen sein kann, leuchtet ein, aber es ist auch nicht nöthig eine nähere Verbindung zwischen beiden anzunehmen; in der Prākritwurzel dakkh könnte sehr wohl ein ursprüngliche Desiderativum dṛkṣ erhalten sein, ohne dass daraus folgt, dass dakkhissati davon das Futurum wäre. Die Möglichkeit einer Doppelbildung zeigt jedenfalls die Form hehissati (wenn diese wirklich vorkommt).

Dagegen scheint es mir unwahrscheinlicher, das sukkhissati auf einer Doppelbildung beruhen sollte. Hier liegt erstens kein ursprüngliches *sukkhati vor (zu erwarten wäre ausserdem *sokkhati); dann findet sich auch ein Denominativ (sukkhāpeti Dh. p. 188) welches doch schwerlich nach Analogie des Futurums gebildet sein konnte. Hier könnte man wohl eine Desiderativbildung ohne Reduplication vermuthen (sanskr. çuçukṣati); doch ist es vielleicht wahrscheinlicher, dass dieses Denominativ aus dem Adj. sukkho (skr. çuṣka) gebildet sei; sukkhāpeti entspräche demnach einem construirten çuṣkāpayati; und durch falsche Analogie könnte dieses wiederum das Futurum sukkhissati hervorgerufen haben, wie zu einem Praesens *sukkhati.

Nachdem diese Doppelformen sich eingebürgert haben, bildet die Analogie danach entsprechende Formen anderer Tempora.

So findet sich ein Praesens dajjāmi z. B. Mah. 8, welches offenbar dem Opt. dajjeyya nachgebildet ist. Schwieriger zu erklären sind die von Childers nach Kacc. angeführten Nebenformen zu vadati: vajjāmi, vajjemi; vielleicht sind sie in ähnlicher Weise entstanden, vielleicht gehen sie auf eine Bildung nach der 4ten Classe zurück. An vajjāmi hat sich dann nachher vajjemi angeschlossen, nach der Analogie von vademi (skr. vadayāmi) neben vadāmi.

Ein dem Fut. sakkhissati entsprechender Aorist asakkhi findet sich sehr häufig, z. B. Dh. p. 220. 246, F. Jāt. 5. 1ste Pers. asakkhiṁ Dh. p. 188.

Ebenso ist nach der Analogie von dakkhissati ein Opt. dakkhetha gebildet worden Sen. 465. Inf. dakkhituṁ Sāṁ. S. A. Gewissermaassen ein Opt. des Futurums ist das von Kacc. (Sen. 465) angeführte vakkhetha (Fut. vakkhāmi von der W. vac).

Auch sonst giebt es Fälle, wo, im Gegensatz zu dem sonstigen Uebergreifen des Praesensstammes, sich aus irgend einer Tempusform ein neuer Praesensstamm eingestellt hat. So führt Childers (ohne Belegstelle) ein Praesens pāheti an, nebem dem gewöhnlichen pahiṇati (hā). Diese Form ist offenbar dem Aor. pāhesi (z. B. F. Jāt. 5), sanskr. prāhāiṣīt nachgebildet: dem Aor. pāhesi sollte ein Praes. pāheti entsprechen, wie z. B. dem Aor. paṇesi ein Praes. paṇeti (nī) gegenübersteht. Wie blind die Sprache hier verfuhr, zeigt der Umstand, dass die vom Augment bewirkte Länge des *a* auch im Praesens beibehalten wurde. In derselben Weise muss das Praes. samacchare F. Jāt. 48 (in einem Verse) aufgefasst werden, von dem Comm. mit acchanti, nisīdanti erklärt (sanskr. āste). Es findet sich nämlich ein Aorist acchi Dh. p. 158, der aus einem *ātsīt (wie avātsīt von vas) entstanden sein könnte, und nachdem erst diese Herkunft vergessen war, entwickelte sich leicht daraus ein neues Praesens.

Ein weiteres Umsichgreifen des Verbalstammes findet Statt bei dem Verbum karoti. Hier sind sehr geläufig die auf ein Praes. *karati hinweisenden Optativformen: kareyyaṁ (1. Pers.) Dh. p. 215, 3. Pers. kareyya F. Jāt. 2, Plur. kareyyuṁ Dh. p. 187, 2. Pers. kareyyāsi, Plur. kaeyyātha p. 147. Daneben selten kare z. B. Dh. v. 42.

Aus diesem neuen Praestamme ist wiederum der Aor. akari z. B. F. Jāt. 13, Dh. p. 129 hervorgegangen, wie amari aus marati; 2. Pers. Pl. mā karittha Dh. p. 84, 3. Plur. akariṁsu Dh. p. 206.

Ebenso führt Kacc. (Sen. 458) einen Imperativ gama an, neben dem gewöhnlichen gaccha. Möglicherweise ist dies eine sehr alte Form, da in der vedischen Sprache gamati als Praes. vorkommt. Dem entsprechend ist der Aor. agami, gami Dh. p. 219, Plur. gamiṁsu Dh. p. 204.

Ferner geht aus dem Verbalstamme hervor: saṇṭhāti Dh. p. 429, neben santiṭṭhati p. 430. Auch ṭhāti allein kommt vor, und zwar in alten Texten z. B. Alw. 1. 27 (ṭhātha 2. Plur. Imperativi Dh. p. 123), was zwar dafür sprechen könnte, dass die Form eine alte Bildung, und nicht erst durch Analogie entstanden sei. Indessen ist zu beachten, dass diese Form besonders gebräuchlich ist, wenn das Verbum componirt ist, indem die Form tiṭṭhati dann eine zu schwere wird, wenn der Accent auf der Praeposition ruht.

Gewöhnlich spaltet sich wieder die Form ṭhāti in ṭhahati, z. B. uṭṭhahanti Dh. p. 191, 2. Pl. Imp. uṭṭhahatha etc. Von diesem neuen Praesensstamme gehen dann die übrigen Tempusformen hervor: Fut. upaṭṭhahissāmi Dh. p. 300, Aor. Plur. upaṭṭhahiṁsu Dh. p. 88, und upaṭṭhahuṁ Mah. 132. 256.

Vielleicht ist das Praesens dahati neben dadhāti, ebenso als eine Spaltung von *dhāti zu fassen, obgleich letztere Form nicht vorkommt. Freilich könnte die Form dahati, die auch in Zusammensetzung sehr gebräuchlich ist, aus dadhāti entstanden sein, mit Reduction des dh zum blossen Hauch, wie hoti neben bhoti, und das ā verkürzt wie in pahiṇāti etc. Für die Spaltung spricht indessen das Fut. paridahessati Dh. v. 9, welches wohl aus *paridhessati hervorgegangen ist; Praes. paridheti.

Solche sehr geläufige Formen sind z. B.: saddahati Dh. p. 284 (çrādh-dhā); 2. Pl. Imp. pidahatha; Aor. saṁvidahi Dh. p. 89; Fut. saddahissati Dh. 305, Jāt. 132 etc.

3. Weiterführung gewissen Endungen.

In mehreren Fällen findet Austausch zwischen den primären und secundären Personalendungen Statt.

Schon erwähnt (S. 83) ist die Endung -āsi der 2ten Pers. Opt.

In der 2ten Pers. Plur. ist überall die primäre Endung -tha an die Stelle der secundären -ta getreten; so wird 2. Plur. Imp. mit dem Praes. gleichlautend: passatha Dh. v. 344. 371, anurakkhatha v. 327, uddharatha v. 327, khaṇatha v. 387, paṭipajjatha v. 274, vassatha Dh. p. 123, tiṭṭhatha D. p. 238. In bhavātha v. 143 könnte eine Conjunctivform erhalten sein; wahrscheinlicher ist die Länge des *a* eine der gewöhnlichen willkührlichen, aus metrischen Rücksichten vorgenommenen, Umgestaltungen.

Ebenso hat die 2te Pers. Plur. Opt. die Endung -tha: kareyyātha etc., und das Praeteritum in den wenigen Fällen, wo solche Formen vorkommen.

Analoga zu diesem Wechsel zwischen primären und secundären Endungen bietet nicht allein das Griech. und Lateinische in ihrem Verhältniss zum Sanskrit, sondern das Griechische auch bisweilen auf eigenem Gebiete, wie -τον für -την in der 3ten Pers. Dual.

Die secundäre Endung -ta der 3ten Pers. Med. ist überall zu -tha aspirirt worden. Es haben wohl dazu sowohl die erwähnte Form der 2ten Pers. Plur., wie besonders die grosse Menge der Aoristformen mit etymologisch richtiger Aspiration der Endung gewirkt, indem dadurch der Ausgang tha so geläufig wurde, dass er sich auch da einstellen konnte, wo er ursprünglich nicht berechtigt war. So in den wenigen Imperfecta in 3ter Pers. Sing. Med., die noch vorhanden sind: z. B. ajāyatha Mah. 24. 164; sanskr. ajāyata, antaradhāyatha Dh. p. 256, asigmatische Aoriste: avocatha Mah. 132, adassatha Mah. 199 (sanskr. Aor. Act. adarçat).

Bei diesem Uebergang der Endung -ta in -tha, kann man es wohl für sicher halten, dass die häufigen Optative auf -etha mediale Formen sind, den sanskritischen auf -eta entsprechend. Im Dh. kommen vor: jāyetha (Pass.) v. 58, sanskr. jāyeta, rakkhetha v. 36, abhittharetha (tvar) v. 116, pasahetha v. 128, mā appamaññetha v. 120, mā anuyuñjetha v. 27, von Verben, die im Sanskr. sämmtlich Deponentia sind; ferner: bhajetha v. 78. 208, yajetha v. 106. 108, bhuñjetha v. 70, muñcetha v. 389, kayirātha v. 25. 117. 211 (dem activen kayirā nachgebildet). Diese letzteren Verba werden im Sanskr. sowohl activ als medial gebraucht.

Bei den Verba der 10ten Cl. tritt dieselbe Contraction ein wie bei dem Ausgang -eyya: dametha v. 159 (Praes. damayati, dameti), yojetha v. 40, bhāvetha v. 87, gopetha v. 315.

Ferner giebt es mehrere Fälle, wo eine Endung durch ihr häufiges Vorkommen sich über den ursprünglichen Gebrauch hinaus verbreitet hat.

So ist die Endung -hi der 2ten Pers. Sing. Imp. sehr geläufig bei den Verben der 10ten Classe: pesehi (von skr. preṣāyati) Dh. p. 158. 215, dhārehi Dh. p. 82, nivattehi Jāt. 112 (nivatteti, caus. der W. vṛt), atikkamehi (caus. der W. kram) Jāt. 151, pāpehi (caus. d. W. prāp) Jāt. 151 etc.

Auch bei anderen Verben der 1sten Hauptconjugation kommt diese Endung häufig vor: gacchāhi Sen. 451, Jāt. 151, Kamm. 5; (mit Dehnung des ā nach Analogie von Formen wie jānāhi), khamāhi Dh. p. 244; āharāhi Dh. p. 248; jācāhi F. Jāt. 9; otarāhi (ava-) Jāt. 154; vadāhi Dh. p. 318; paṭipajjāhi Dh. p. 80. Daneben mit Kurze: gacchăhi Sen. 450. Weiter: hohi Dh. p. 187, F. Jāt. 6; nehi Dh. p. 192. 187 (Praes. neti); vadehi Ras. 21 schliesst sich dem Praes. vadeti an. Formen dieser Art von den Verben der 5ten und 8ten Classe wie karohi etc. sind schon erwähnt (S. 80).

Endlich ist der ganze Ausgang -ehi, der durch die zahlreichen Verba der 10ten Classe eine grosse Geläufigkeit bekam, in einigen Fällen auch ungerechter Weise bei den Verben der 1sten Classe eingedrungen: vacehi Dh. p. 159 (wie von einem *vacati); uṭṭhehi Jāt. 181 vom Praesens uṭṭhāti. Ein gleicher Einfluss der Verba der 10. Classe liegt wohl auch zu Grund für die Futurform: nigahessāmi Dh. v. 326 (nicht vom Causativum) neben niggahissati Dh. p. 96.

Das Suffix tvā, welches im Sanskrit nur an ein Verbum simplex antritt, hat im Pāli eine viel weitere Verwendung gefunden. Im Dh. findet dieser vom Sanskr. abweichende Gebrauch nur einmal Statt: pamajjitvā (pra-mad) v. 172, wo die Praeposition mit dem Verbum eng verwachsen ist, indem es kein simplex majjati giebt, und einmal auch bei dem Suffix tvāna: pahitvāna v. 415. 416. Um so häufiger ist dies dagegen in späteren Texten der Fall, z. B.: pariganhitvā Dh. p. 435, parijānitvā Dh. p. 435, paṭisuṇitvā Dh. p. 231, vijahitvā Dh. p. 130, anādiyitvā Dh. p. 145, samādiyitvā Jāt. 53, pasīditvā F. Jāt. 6, virajjhitvā F. Jāt. 10. Ueberall geschieht dies, wo der Praesensstamm auch im Gerundium durchgedrungen ist. Indessen giebt es auch Beispiele solchen Gebrauchs da, wo die reine Wurzel im Gerundium hervortritt, wie: uggantvā (ud-gam) Dh. p. 328, vijitvā (ji) Att. 192.

Auch das Suffix ya findet sich bisweilen abweichend vom Sanskrit bei einem Verbum simplex, gamma Mah. 87, gayha (aus *grahya) Mah. 110, und vom Praesensstamme gebildet: gaṇhiya Mah. 170; ebenso vom Praesensstamme: phusiya Mah. 152, pucchiya Mah. 244, sumariya (sumarati = smarati) Mah. 20. jāniya Mah. 133. 244, passiya Mah. 177, Sen. 504.

Zuletzt sind einige Abweichungen in Bezug auf die Endungen im Aorist zu erwähnen:

Die Endung -an der 3. Pers. Plur. des Praet. ist vollständig abhanden gekommen, und die den sanskritischen Endungen -us und -sus entsprechenden Formen haben sich durch ihre grosse Geläufigkeit weit über ihren ursprünglichen Bereich hinaus verbreitet:

Der Pluralform akaruṁ (Child.) entspricht wohl akā als Singular. Im Sanskr. würde also ein *akarus dieser Form gleichkommen, während die Form in Wirklichkeit akran lautet. Ebenso hat avoca als Plur. avocuṁ Dh. p. 175, sanskr. avocan, und addasa Plur. addasuṁ.

In mehreren Fällen kommt die Endung -uṁ da vor, wo man -iṁsu erwartete: aggahuṁ Mah. 253, Sing. aggahi (grah); upaṭṭhahuṁ Mah. 132. 256, Sing. upaṭṭṭhahi; dagegen Dh. p. 88: upaṭṭhahiṁsu; randayuṁ Dh. v. 248, Sing. randhayi.

Ebenso unberechtigt findet sich in mehreren Fällen die dem sanskr. -sus entsprechende Endung -ṁsu: akaṁsu Dh. p. 238, wo an die Singularform akā einfach ṁsu angefügt wurde; ebenso gebildet sind: adaṁsu (Sing. adā) Dh. 188, F. Jāt. 5, Jāt. 112. 120, agamaṁsu (Sing. agamā) Dh. p. 250, Jāt. 108. 125, aṭṭhaṁsu (Sing. aṭṭhā) Dh. p. 233. 416 (daneben findet sich uṭṭhiṁsu wie von einem Sing. *uṭṭhi, der ebenso möglich wäre wie das (S. 73) erwähnte abhinimmi). Selbst das Perfectum āha wird wie ein Aorist behandelt und erhält in der 3. Pl. diese geläufige Pluralendung: āhaṁsu Dh. p. 188. 352, Jāt. 121.

Das Praeteritum des Verbum subst. wird ganz wie ein sigmatischer Aorist behandelt: 1. Pers. Pl. āsimha (aus āsisma), 2. Pl. āsittha, 3. Pl., āsiṁsu neben dem regelmässigeren āsuṁ, das nach dem Abhandenkommen der Endung -an an die Stelle des skr. āsan trat. Die 1ste Pers. Sing. ist der 3ten āsi nachgebildet und lautet āsiṁ.

Auch in mehreren anderen Fällen, wo keine sigmatische Bildung vorhanden war, treten die Endungen -mha und -ttha ein, deren sigmatische Natur ganz vergessen ist. Solche Formen sind: ahumhā (ti) Dh. p. 105, 3. Pers. Sing.: ahū, skr. abhūt, also wie aus einem *abhūṣma; ebenso Med.: ahuvamhase F. Jāt.

13, 3. Sing. ahuvā; akaramhase (eine Hdschr. akarimhase), von einem Sing. *akarā, F. Jāt. 13 (Commentar: akarimha).

Selbst im Praesens kommt diese Endung in späteren Texten vor, wohl nach der Analogie von amha (skr. smas).

Solche prākritische Formen z. B.: dadamhā Dh. p. 188, maññamhā Dh. p. 205.

Erstarrung der Endung -ttha findet Statt z. B. in: ahuvattha Dh. p. 105, 2. Pers. Pl. vom Sing. ahuvā; mā avacuttha Pāt. 14, 2. Pers. Pl. Imferfecti, 3. Sing. avaca; unerklärlich ist dabei der Uebergang des *a* in *u*.

Derselben Art ist suyattha, 3. pers. Sing. Imperfecti Pass. von der W. çru, Dh. p. 86, sanskr. açrūyata.